CW01656471

YEDİVEREN

Okuma alışkanlığınız...

YEDİVEREN

Kitap Adı / Susma Konuş Çocuk

Yazar Adı / Dilek Cesur

ISBN / 978-605-269-076-5

Tür / Aile-Çocuk Eğitimi

Yayın Yönetmeni / Gökhan Alperen Bayrak

Yayın Koordinatörü / Gülseren Bayrak

Editör / Aysel Köroğlu - Hamza Alıcı

Kapak Tasarım / Refik Çetin

İç Tasarım / Burhan Maden

Baskı / Kasım 2019

Matbaa / Çalış Ofset
Matbaa Sertifika No: 45159
Davutpaşa Cd. Yılanlı Ayazma Sk. No: 8
Davutpaşa Topkapı-İstanbul Tel: 0212 482 1104

Yediveren Yayınları Eğitim Hiz. Tic. Ltd. Şti.
Ticaret Sicil No: 893116 Sertifika No: 29485
Şenlikköy Mahallesi, Şehit Muammer Yüzsüren Sokak
No:17 B Blok D: 2 Florya Bakırköy İSTANBUL
Tel: +90 212 506 13 84 / +90 212 506 13 85 / Fax: +90 212 506 13 86
www.yediveren.com.tr / info@yediveren.com.tr

DİLEK CESUR

SUSMA! KONUŞ ÇOCUK

YEDİVEREN

İÇİNDEKİLER

ÇOCUKKEN İSTİSMARA UĞRADIN MI?

Bu kitabı yazarken hem yüz yüze hem de sosyal medya aracılığı ile yüzlerce insana, çocukluğunda istismara uğradın mı, diye sordum. İçlerinden toplasanız yirmi, otuz kişi "Hayır," dedi. Ben de dahil olmak üzere birçok çocuk, hayatında bir kere bile olsa cinsel istismar edilmiş ya da edilmeye çalışılmış. Çocukluk çağındaki cinsel istismar, insanların bir kısmında bir kereyle kalmış, bir kısmında da uzun süre devam etmiş.

"Peki bunu biriyle paylaştın mı?" diye sorduğumda yine birkaç kişi hariç çoğu "Hayır," dedi.

"Neden kimseye söylemedin?" diye sorduğumda çoğu aynı cevapları verdi:

"KORKTUM."

"YAŞADIĞIM ŞEY BANA KENDİMİ KÖTÜ HİSSETTİRDİ AMA NEDEN BÖYLE HİSSETTİĞİMİ ANLAMAYADIM."

"KENDİMİ NASIL İFADE EDECEĞİMİ BİLEMİYORDUM."

"YAŞADIĞIM ŞEYİN NE OLDUĞUNU BİRAZ BÜYÜYÜNCE ANLADIM."

"ANNE VE BABAMA ZARAR GELİR DİYE DÜŞÜNDÜM."

"ANNEM VE BABAM KARŞI TARAFI ÖLDÜRÜR DİYE KORKTUM."

"BUNLARI KONUŞMAK AYIPTI."

"UTANDIM."

"AİLEM İLE İYİ BİR İLİŞKİM YOKTU."

"BANA İNANMAZLAR DİYE DÜŞÜNDÜM."

"BASKI VE KORKUYLA BÜYÜDÜM."

Ben neden sustum biliyor musunuz? Ben de bana yapılmak istenen şeyin kötü bir şey olduğunu hissettim ama ne olduğunu anlayamadım. Kendimi hangi kelimelerle ifade edeceğimi de bilemediğim için kimseye bir şey söyleyemedim.

Çok küçük değildim, dokuz yaşındaydım. Yakın bir akrabamızın benden on beş yaş büyük oğluyla birlikte, yeni yapılan evimizi göstermem için boş olan evimize gönderildim. Odaları gezdirirken beni yanağımdan öpmek istediğini söyledi. Ben de çocuk masumiyetimle yanağımı uzattım. O şahıs, eliyle çenemden tutarak dudağımdan öpmeye çalıştı. Hemen elinden kurtuldum. Koşarak eve gittim.

Yanaktan öpmek beni rahatsız etmezken dudağımdan öpülmesi neden rahatsız etmişti ki? Oysa kimse bana ne özel bölgelerimi öğretmişti ne de mahremiyet eğitimini doğru düzgün vermişti. Tamamen içgüdüsel.

Çocuklar her zaman iyi ve kötü dokunuşu hisseder. Hatta iyi ve kötü insanı, gerçek ve sahte sevgiyi de ayırt etme konusunda hiç zorlanmaz. Ama neden kendini kötü hissettiğini ve bu duygularını cümlelere dökmeyi bilemez. Benim gibi! Kendimi kötü hissettim ama neden böyle hissettiğimi bilemedim. Hangi cümleleri kullanmalıydım, kendimi nasıl ifade etmeliydim? Bu duyguyu nasıl tanımlamam gerektiğini bilmediğimden dolayı da sustum. Bir daha da aynı şey tekrarlanmadı.

Yıllar sonra bu kitabı yazmaya karar verdiğimde olayı sadece eşimle paylaştım. Sanki zihnimde bir yerlere gömmüştüm. Hiç böyle bir şey yaşanmamış gibi hissediyordum. Ben utanılacak ya da kendime sır olarak saklayacak bir şey yapmamıştım. Kimsenin beni yargılamaya hakkı yoktu. Eşime hiç tereddüt etmeden anlattım. O da beni üzülerek dinledi. İnsan, bunu yıllar sonra bile anlattığında sanki üstünden bir yük kalkıyor. Yaşadıklarını zihninde bir yerlere gömüyorsun. Yüzleşmek korkutuyor insanı. Aslında bazı duygularını da bu olayla birlikte oraya hapsediyorsun. Bir anlatıp özgürleşse insan, içini yiyip bitiren o duygudan da kurtulacaktır. Ama bizim toplumumuzda bir kadın veya erkek istismara uğruyorsa bunu anlatmak ayıp! Kendini kirlenmiş gibi hissettiğinden, sanki birine anlatsa daha da kirlenecekmiş gibi hissediyorsun. Birileri onu kınayacak, yaşadığı şeyden onu sorumlu tutacak gibi düşünüyor ya da olayların daha kötüye gideceğini... Ama öyle değil işte! Anlattığın an arınıyorsun. Seni içine hapseden birçok karanlık duygudan sıyrılıyorsun.

Olur da bir gün istismara uğramış biri bunu size anlatırsa sakin olun ve bütün şefkatinizle sadece sarılın. Eşiniz, çocuğunuz, kardeşiniz veya arkadaşınız olabilir. Geçmişe dönüp bu kötü anları silemezsiniz ama onun, içine hapsettiği olumsuz duyguları özgürleştirmesine yardımcı olabilirsiniz. Yargılamayın ve asla olumsuz tepki vermeyin. Daha ayrıntılı anlatması ya da başkalarıyla paylaşması konusunda ısrarcı olmayın. Onun haberi olmadan kimseyle bu olayı paylaşmayın. Birisi, bunu size anlatıyorsa sonsuz güvendiği içindir. İstemediği bir şeyi yapmaya çalışmak, onu sadece yaralar. Süreç için birlikte karar verin. Doğru olan neyse bunu yapması konusunda yüreklendirin ama asla zorlayıcı olmayın. Tabii, bunu anlatan bir çocuk değilse!

Ben ve benim gibi birçok çocuk yaşadığı istismara sessiz kaldı.

"Neden sessiz kaldın?" sorusuna insanların verdiği cevapları okuduğunuzda bazı şeyleri siz de fark ettiniz mi? Ailelerin çocuklarına karşı yanlış tutum ve davranışları, çocuklarını sevgisiz ve ilgisiz bırakmaları, çocuklarına kendilerini nasıl ifade edeceklerini öğretmemeleri ve doğru mahremiyet eğitimini verememeleri istismara uğramış çocukların susma sebepleri olmuş. İnsan bile bile çocuğunu istismara kurban eder mi? Farkında olmadan ediyor işte!

"Peki, kendini korumak için ne yaptın," diye sorduğumda çoğu hiçbir şey yapamamış. Benimle hikâyesini paylaşanların büyük bir kısmı, sessiz kaldığı için uzun süre bu istismara maruz kalmış. Bir kısmında da istismara yeltenen kişi bunu bir daha denemeye çekinmiş. Çok az kısmı bunu gerekli merciler veya ailesiyle paylaşmış. Bu da maalesef toplasanız bir elin beş parmağını geçmeyecek sayıda.

Ne acı bir tablo! En acısı da ne biliyor musunuz? Bunun genelde aile içinde olması. Yabancı biri gelip çocuğunuza kolay kolay zarar vermez. Ama aile içinden biri çocuğunuzun ve sizin zaaflarınızı bilir. Tedbirini ona göre alır. Nerede, ne şekilde yaklaşacağını daha önceden planlar. Yakalanma ve olayın duyulma riskini en aza düşürür, amacına öyle ulaşmaya çalışır.

O yüzden diyorum ya tehlike uzakta değil, içimizde.

Çocuklarımıza öğretmemiz gereken en önemli şey istismar anında kendini bundan koruyabilmesidir. Çocuğumuza "Bana dokunma! İstemiyorum! Hayır!" ifadelerinin anlamını ve ne zaman kullanması gerektiğini mutlaka öğretmeliyiz.

ÖNEMLİ OLAN, İSTİSMARA UĞRAMIŞ BİR ÇOCUĞUN, SADECE BU TRAVMAYI ATLATMASINA YARDIMCI OLMAK DEĞİLDİR. ÇOCUĞUN, İSTİSMARA MARUZ KALDIĞI AN BUNU ENGELLEYECEK DUYGUSAL YETERLİLİĞE SAHİP OLMASINI SAĞLAMAKTIR.

Bu duygusal yeterliliği öğretmeyi de çocuğumuza mahremiyet eğitimini içselleştirerek öğrettiğimiz zaman başarabiliriz. Anlatarak, konuşarak, söyleyerek mahremiyet eğitimi veremeyiz.

Toplu olarak verilen eğitimler genelde başarısızlıkla sonuçlanıyor. Birçok araştırma göstermiştir; ki toplu olarak verilen cinsel eğitimlerde çocukların bu konuya ilgisi daha fazla artmıştır. Her çocuğun bu bilgiyi öğrenmesi özel olmalıdır. Çünkü toplum içinde farklı aile yapılarından kaynaklı olarak her çocuğun bu konulara vereceği tepkiler ve duygusal yeterlilik düzeyi farklıdır.

Mahremiyeti çocuğumuza aile içinde yaşatmalıyız. Çocuk mahremiyet algısını aile içindeki insanların birbirlerine ve kendisine nasıl davrandığına bakarak öğrenir. Nasıl mı? Kitabın tamamını okuduktan sonra bunu en iyi şekilde anlayacaksınız inşallah.

Tabii, diğer önemli unsur da İLETİŞİM. Eğer çocuğunuz ile ilgili iletişiminiz baskı ve korku üzerine ise çocuğunuz size karşı hep kapalı kutu olacaktır.

Çocuklarımız sadece cinsel istismara maruz kalmıyor. **Bir**çok çocuk, fiziksel - **duygusal olarak da** sürekli istismar ve ihmal ediliyor. Fiziksel-duygusal istismar ve ihmal de en **az cinsel istismar kadar çocuğumuza zarar verir ve genel de çocuk ailesi tarafından bu istismara maruz kalır. Başkalarından korumaya çalışırken farkında olmadan en büyük zararı bazen aile verir.**

Bu kitabı yazmaktaki amacım, insanların nasıl istismara uğradıklarını size anlatmak değildir. İstismara uğramış insanların neden kendini koruyamadığı, bunu kimseyle niçin paylaşamadığı, ailelerin çocuklarının istismara uğramalarına nasıl zemin hazırladığı ve fark etmeden yaptığımız hataları sizlere göstermektir.

Tek temennim bu kitabı okuyan herkesin çocuk istismarı hakkında farkındalık kazanmasıdır. **Kazandığınız farkındalık**

ile SAĞLIKLI İLETİŞİM kurarak, doğru MAHREMİYET EĞİTİMİ vererek çocuklarınızı istismardan korumayı başarabilirsiniz.

ÇOCUK İSTİSMARINA DUR deme düşüncesiyle çıktığım bu yolda, inşallah bu kitap sizlere de rehber olacaktır.

ÇOCUKLAR ARTIK SUSMASIN VE KENDİLERİNE YAPILANLARA SESSİZ KALMASIN.

Sevgi, saygı ve selamla...
Dilek CESUR

İSTİSMAR VE İHMAL

Duygusal İstismar:

Çocuk o, anlamaz, nasıl olsa unutur düşüncesiyle hareket etmek, çocuğuna duygusal istismarda bulunan aileler için büyük bir yanılgıdır. Çocuklar her şeyi anlar ve asla unutmazlar.

-Çocuğun yanında kavga etmek,

-Çok özel durumları onun yanında çekinmeden konuşmak,

-Çocuk hakkında onu utandıracak ya da rahatsız edecek şekilde başkalarına bilgi paylaşımında bulunmak,

-Çocuğun fizyolojik ve psikolojik (Alt ıslatma, tırnak yeme...) problemlerinden dolayı dalga geçip utandırmak,

-Etiketlemek,

-Hakaret etmek,

-Bağırmak,

-Çocuğa karşı öfkeli ve baskıcı olmak-Lakaplar takmak, aşağılamak, küfür etmek,

-Severken; zilli, şıllık, çapkın, şerefsiz gibi akla mantığa uymayan kelimeler kullanmak,

-Çocuğun duygusal ihtiyaçlarını görmezden gelme.

Yani çocuğu psikolojik olarak olumsuz yönde etkileyen her şey duygusal istismardır.

Biz çocukken uyumak istemediğimizde ebeveynlerimizden biri duvara vurur "Bak seni almaya gelecekler, çabuk uyu" diye korkuturlardı. Hala bile birçok insan böyle yöntemlere başvurarak, tehdit ederek, korkutarak çocuklarına istediklerini yaptırmaya çalışıyorlar. Çocuğu bilinmeyen ve görülmeyen ile korkutup sindirmek, tehdit etmek de duygusal bir istismardır.

Duygusal istismarda somut bir delil olmadığı için anlaşılması en güç istismar şeklidir. Çocukların kısa ve uzun vadede ciddi psikolojik zararlar görmesine sebep olabilir.

Fiziksel İstismar:

Çocuğu hırpalayarak, ısırarak, zorlayarak sevmek dahil bedene verilen her türlü zarar fiziksel istismardır. Çocuklarınızı sadece döverek, sağa sola savurarak fiziksel istismarda bulunmazsınız; bazen sevdiğinizi düşünür ama çocuğu fiziksel olarak istismar ettiğinizin farkına varmazsınız.

"Ne yapayım, dayanamıyorum, çok tatlı; o yüzden ısırdım bir tane," demekle çocuğu *şıllık,* diye sevmek arasında hiçbir fark yoktur. İlerleyen konularda okuyacağınız gibi çocuk bedeni ve ruhu, naiftir. Bedene yapılan her türlü saldırı, ruhu kabalaştırır; ruhu kabalaşan çocuğun da daha sonra hareketleri kabalaşır. Çocuğumuzun doğasına zarar vermek istemiyorsak her zaman nazik ve kibar olmalıyız. *"Bir tokat attım, ne var bunda,"* şeklinde bir savunma şekli kabul edilemez. Aynı şey kendinize yapılsa sizin de kabul etmeyeceğiniz gibi.

Çoğu zaman fiziksel istismara duygusal istismar da eşlik eder ve biz çocuğumuza kendi ellerimiz ve dilimizle ne kadar zarar verdiğimizi aslında fark edemeyiz bile... Ta ki yıllar geçip çocuğumuzun duygu, düşünce ve beden gücü bize yetinceye kadar. Çocuğumuz asileşip bizden uzaklaşınca, o bize hiç istemediğiniz saygısızca hareketler yapmaya başlayınca hatamızı anlarız ama iş işten geçmiş olur. Zarar gelmesinden en çok korktuğumuz, canımız, evladımıza bazen en büyük zararı biz verir, çocuğumuz ergenlik çağına gelince arkadaşlarını suçlar,

"*Benim çocuğum arkadaş kurbanı oldu,*" deriz. Ama çocuk, arkadaş değil; ilgisiz, sevgisiz, anlayışsız anne ve babanın ihmal ve istismarının kurbanı olmuştur.

Cinsel İstismar:

ÇOCUĞUN BEDENİNE ŞEHVET DUYGUSUYLA YAKLAŞMAK-DOKUNMAK VE BU DÜŞÜNCELER DOĞRULTUSUNDA YAPILAN EN UFAK BİR EYLEM VE KULLANILAN SÖZ BİLE CİNSEL İSTİSMARDIR.

Her türlü istismarın, kesinlikle bir mazereti yoktur.

Cinsel istismarı tanımlarken bütün benliğim buna itiraz ediyor. Keşke hiçbir istismar türünü hiç tanımlamak zorunda kalmasaydım. Bir çocuk istismar ve ihmalle değil de en çok hak ettiği sevgi, ilgi ve şefkatle büyüseydi. Kötülük hiç dünyalarına girmeseydi, psikolojisi ve kişiliği bozuk insanların kurbanı minik bedenler olmasaydı. Çocukların boynu hiç bükülmeseydi. Tek dertleri kırılan oyuncakları, kirlenen elleri ve üstleri, düştüğü için kanayan dizleri olsaydı. Çocuklar ihmal ve istismar edildiklerinden dolayı değil de sokakta düşüp canları acıdığı için ağlasalardı.

Keşke bazı insanlar hiç anne ve baba olmasaydı ve bazı insanlar hiç doğmasaydı.

İhmal Etme:

Dünyada ne kadar çok çocuk ailesi tarafından ihmal edildi. Aileler kimini farkında olarak yaptı, kimini de farkında olmadan. Meslek hayatım boyunca duygusal ve fiziksel olarak o kadar çok ihmal edilmiş çocuk gördüm ki! Her sene neredeyse birkaç öğrencim sınıfta, ailesi tarafından ciddi şekilde ihmal ediliyor. Çantalarında yemek saati için hep hazır gıdalar olan, kulakların içleri hep kirli, tırnakları uzun, kıyafetler ütüsüz ve kötü kokulu, kalem, defter, çanta eksik, geceden altına kaçırmış ertesi gün o çişli kıyafetle okula gelen çok fazla çocuğa şahit olduk. Eğer bunlar maddi yoksunluktan veya akıl noksanlığından olsa anlayacaktık ama ailenin ne açlıktan ölecek kadar maddi imkansızlığı ne de bunları düşünemeyecek kadar akıl yoksunluğu söz konusuydu. İlgisizlik, önemsememek, değer vermemekten kaynaklanıyordu. Maddi imkânı olmayan ama çocuğuna çiçek gibi bakan çok insan var.

Ailesi tarafından duygusal ve fiziksel ihmal edilen her çocuk başkaları tarafından ihmal ve istismar edilmeye açıktır. Çocuk, ailesinin ihmal ederek açtığı her boşluğu başka şekilde kapatmaya çalışır. Maddi boşluğa uğramış birçok çocuk başkasının malını, parasını çalma; manevi boşluğa uğrayan çocuklar da sahte ve çıkarcı sevgilerin peşinden gitme eğilimindedir.

İnsanlar, iç dünyalarında belki birçok sorun ve maddi imkânsızlık yaşıyor olabilir ama akli dengesi yerinde olan her birey çocuğu ile ilgilenir, konuşur, sohbet eder. Temel ihtiyaçlarını karşılar, sağlık önlemlerini alır. Sevgi ve ilgi konusunda da ihmal etmez. Çocuğuna sevgiyi satın almak zorunda değil neticede. Ama biz bedava olan ilgi ve sevgiyi bile çocuğumuza bazen damla damla vererek duygusal anlamda ihmal etmiş oluyoruz. Maddi imkansızlıklar yüzünden temizlik malzemesi alamıyorsak, sabun alır, çocuğunu ve onun eşyalarını yıkarız. Bakkaldan beslenme çantasına koymak için alacağımız paketli gıdaların parasını biriktirsek, evde kendimizin hazırlayacağı bir aylık yiyecek ve içecek masrafını çıkarırız.

En kötüsü de ne biliyor musunuz? Maddi imkansızlıkları mazeret göstererek çocuklarını ihmal eden aileler var ya, onların çoğu, günlük bir paket sigara içip en az bir maaş edecek fiyatta telefon kullanıyor.

BABALARINA GÜVENİR KIZLARI VE KIZLARININ ARKADAŞLARI

Ne yapmıştım acaba!

Mini bir etek mi giymiştim, kırmızı bir ruj mu sürmüştüm? Tırnağımdaki ojelerden mi etkilendin, üstümdeki kıyafetlerden mi? Davetkâr bakışlarım ve hareketlerim mi vardı? Yoksa yırtmacım veya dekoltem mi çok derindi? Gece sokak aralarında tek başıma mı geziyordum ya da dolmuşta kalan son yolcu muydum? Sıktığım parfüm mü çok çekiciydi yoksa ellerim, ayaklarım mı?

Kirli ellerinle ruhumu, bedenimi, geleceğimi kirletmen için sebebin neydi? Çocuktum ben daha ÇOCUK! Ne tahrik olacağın vücut hatlarına ne de ruha sahiptim. Arkadaşımın babasıydın sen! Babalara güvenir kızları ve kızları-

nın arkadaşları... Sen benim babam olmasan da bir kızın olduğu için güvenmiştim sana. Bu muydu suçum yoksa! Bir kızı olduğu için birine güvenmek mi? Ya da beni kandırmak için teklif ettiğin dondurmayı çok sevmek mi? Kirli ellerin bedenimde gezerken gözlerinin önüne kendi kızın gelmedi mi hiç? Yüreğin daralmadı mı? Ya biri benim kızıma bunu yapsa demedin mi? Bu kadar mı dönmüştü gözün? Bu kadar mı kirliydi ruhun?

Kucağına alıp severken beni, bedeninin bu kadar ağır olduğunu hiç anlamamıştım. Beni bir baba gibi sevdiğini düşündüğüm zamanlarda, ellerin saçlarımın arasında dolaşırken aynı ellerin geleceğimi, hayallerimi, umutlarımı söndürebileceğini hiç düşünmemiştim.

Hayallerim masumdu benim. Sokakta oynamak, yeni bir oyuncağa sahip olmak, ip atlamak, oyuncak bebeklerimi süslemek ve bir gün mahalledeki büyük ablalar gibi beyaz gelinlik giyip süzüle süzüle evimden gelin olup gitmek... Hayallerimin arasında en sevdiği arkadaşının babası tarafından tecavüze uğramak, daha çocuk olamadan kadın olmak, yaşadığımı anlatmaktan korktuğum için yıllarca bu tecavüze sessiz kalmak yoktu.

Gündüz vakti güneşin batabileceğini ve bir daha hiç doğmayacağını bilmiyordum.

ÖĞRETTİN!

O gün güneş battı ve uzun bir süre hiç doğmadı.

Ne evimden çıkar oldum ne de odamdan.

Ama sen yine buldun bir yolunu ve zehrini bana akıtmaya devam ettin.

Kirlenen sadece bedenim değildi…

Sen benim çocuk ruhumu, hayallerimi, arzularımı, mutluluğumu, sevincimi, hayata bağlılığımı ve en önemlisi bir gün giyme hayalini kurduğum o gelinliği kirlettin.

Tek suçlu sen değilsin ama! Senin kadar ailem de suçlu. Bir anda bütün dünyaya sustum ben. "Neden," diye sormadılar. Odamda sessiz sessiz ağlarken yakalandığımda: "Yine neye ağlıyorsun ağlak kız?" diye kızmak yerine "Neyin var yavrum?" diye sorarak bağrına basmadılar. Sen bizim eve her geldiğinde odalardan çıkmak istemediğimde "Bu yaptığın çok ayıp!" demek yerine bunun sebebini sorgulamadılar. Benim duygularımı, isteklerimi görmezden, duymazdan geldiler. Kim bilir belki de sana konduramadılar. Neticede bir babaydın. Üstelik kız babası!

12 yaşına kadar sustuysam ben, kötü bir şey yaptığımı düşünüp kendimi suçladığımdandır. Sanki bana yapılanların sebebi bendim, ben suçluydum. Ben sebep olmuştum her şeye. Çünkü evde ne zaman annem ve babam kavga etse hemen beni suçlarlardı. "Gördün mü bak, senin yüzünden kavga ettik." Kardeşime ne zaman bir zarar gelse yine suçlu ben olurdum. "Neden bakmadın kardeşine? Sen neredeydin aptal çocuk!" Elimden oyuncağım alınsa, sokakta düşsem, arkadaşım bana vursa, herhangi bir eşyamı kaybetsem, üstüm kirlense hep ama hep ben suçluydum. Başıma gelen her mutsuzluğun, kötülüğün sebebi bendim. Hal böyleyken nasıl karşınıza çıkıp, "Arkadaşımın babası bana kötü bir şey yapıyor," diyebilirdim. Üstelik yaşadığım şeyin adının ne olduğunu bile bilmiyordum. Kendimi çok kötü hissediyor, midem bulanıyor, gözlerim kararıyor, başım dönüyordu ama bunun adının tecavüz olduğunu bilmiyordum. 12 yaşıma kadar…

Keşke yaşadığım her olumsuzlukta beni bu kadar suçlamak yerine biraz olsa dinleseydiniz. "Ne oldu," diye sorsaydınız. Komşulardan dinlediğiniz dedikodulara veya televizyon programlarına verdiğiniz dikkatinizi benim hal ve davranışlarıma verseydiniz. Siz milletin başına gelen kötü olayları dinleyip "Vah vah! Tüh tüh!" derken, keşke biraz burnunuzun ucunu da görseydiniz. Aramızda güvenli bir ilişki kursaydınız ve ben size her koşulda inansaydım bu adını bilmediğim şeye yıllarca sessiz kalmazdım.

"Bana tecavüz ediliyor," diyemezdim belki; çünkü dedim ya bu yaşadıklarımın kelime karşılığının tecavüz olduğunu bilmiyordum. Ama "Bu amcanın dokunuşları beni rahatsız ediyor," derdim. "Bana, ben istemeden, canımı acıtarak dokunuyor, beni buna zorluyor," derdim. "Ben kendimi çok kötü hissediyorum, aynı şeyleri yaşamaktan korkuyorum, her gece kaygı ile yatıyor, kâbuslar görüyorum, "LÜTFEN BENİ KURTARIN!" derdim.

Bir gün arkadaşım, babasını bana zorla dokunmaya çalışırken yakaladı. Ve o gün benim mahkûmiyetimin son günü oldu. Babasından o gün beni kurtardı. Bu eziyetten, utançtan, çirkinlikten... Hayatıma dair bununla ilgili kötü olan ne varsa beni hepsinden kurtardı. Beni evden çıkardı ve bana dönüp "Bir daha bu yaşadıklarına asla müsaade etmeyeceğim." dedi ve babasına dönerek: "Sen sadece arkadaşıma değil bana da tecavüz ettin!" diye haykırdı. İşte o gün ben, bunun adının bir tecavüz olduğunu öğrendim.

Ben dışarı çıktıktan sonra o evde ne yaşandı bilmiyorum ama o 14 yaşındaki genç kızın, babasını arkadaşına zorla dokunmaya çalışırken gördüğünde yüreğinde ne yaşadığını biliyorum. Çocukluğum ve en güzel hatıraları paylaştığım güzel dostum, bu olaydan sonra beni gördüğü her yerde yolunu değiştirdi. Ya yüzüme bakmaya utandı ya da yüzüme her baktığında babasının nasıl bir insan olduğunu hatırlamaktan korktu. On beş gün içinde de mahalleden taşındılar, kimseyle vedalaşmadan.

Özgürdüm artık...

Kanatları kırık bir kuş ne kadar özgürse, ben de o kadar özgürdüm işte...

Artık uçamıyordum. Bir kuşun bütün özgürlüğü, hayatı, umutları, kanatlarıdır. Ruhumun iyileşmesi için gökyüzüne doğru yükselmeliydim. Ülkeleri, şehirleri, mahalleleri, sokakları keşfetmeliydim. Benim yaşadığım sokak uzun yıllardır hep kış ve karanlıktı. Bedenimin, ruhumu ısıtacak güneşe ve aydınlığa ihtiyacı vardı. Her çırpınış sanki daha da karanlığa ve soğuğa itiyordu beni. Uçmayı hayal etmeyi bırakmıştım artık.

Büyümek istemiyordum. Okula gitmek, kimseyi görmek, kimse bana nasılsın, diye sorsun istemiyordum. Ben bile nasıl olduğumu bilemezken ne cevap vermeliydim, bilemiyordum. Rol yapmayı çocuk yaşta öğrenmiştim zaten. Hiçbir şey yokmuş gibi yaşamaya alışmıştım. Her gece başımı yastığa o anıları silmek için koydum. Ben silmeye çalıştıkça onlar daha da bir yer buldu hayatımda. Erkeklere asla güvenmemeliydim. Özellikle kız babalarına. Hiçbir erkeğin yıllarca yüzüne bile bakmadım. Her bakış, bende bir tiksinti uyandırıyordu. Kendi babam bile bana dokun-

sun istemedim. Ama babam hiç neden, diye sorgulamadı. "Kızım, sen benden neden kaçıyorsun?" demedi. Ailem beni hep, kaba ve duygusuz olmakla suçladı. Suçlanmaya da alışmıştım zaten. O da işlemiyordu artık demir olmuş ruhuma...

Sonra bir gün biri, yeniden hayat bulacağıma, nefes alacağıma, dünyanın renklerini yeniden görebileceğime dair yüreğime bir umut tohumu ekti. Sevgiyle, şefkatle, saygıyla, sabırla... Aradan kaç mevsim, kaç bahar geçti birine güvenmeyeli. Hiçbir erkeğin ne kokusunu duymak istedim ne nefesini ne de sesini... Ama bu düşüncelerim onun için öyle olmadı. Gözleri, kokusu, sesi, her şeyi sıcacıktı. Umut doluydu. İlk defa birine başımdan geçenleri anlatmak istedim. Beni bu ıstıraptan kurtar, diye bağırmak istedim. O benim sessiz attığım her çığlığı duydu. Beni merhamet dolu yüreği ve gözleriyle dinlerken hayata dair yeniden umut edebileceğimin tohumlarını beynimin, kalbimin taa içine ekti. Eleştirmedi, suçlamadı, sadece dinledi. Nemli gözleriyle benim buz tutmuş kalbime sarılırken "Korkma artık ben varım," dedi. Yeniden güvenebilmem için sabırla bekledi. Çocukken kurduğum ama unuttuğum hayallerimi hatırlattı. Okulu bitirip üniversite sınavına girerek avukat olmam için beni yüreklendirdi.

Birinin bedenimde ve ruhumda bıraktığı kirli ellerin izini o sevgisiyle, saygısıyla, merhametiyle iyileştirdi. Bir erkeği sevmek benim için hayalken o bana imkânsızı yaşat-

tı. Yüreklendirdi, umutlandırdı, inandırdı ve en önemlisi sevdirdi.

Evet, şimdi dört senelik evliyim ve bir kızımız var. Yıllar önce yemin etmiştim. Asla bir evlat sahibi olmayacağım, diye. Hele bir kız çocuğu asla... Geçmişimde küstüğüm her şeyle barıştım. Korkmuyorum artık. Ne bir kız çocuğuna sahip olmaktan ne de yeniden başlamaktan. Sadece düğünümde ellerime kına yakmaktan ve gelinlik giymekten korktum, istemedim. Ne zaman bir gelinlik görsem üzerinde kanlı eller hayal ederdim. Eğer giyseydim o gelinliği, kanlı ellerin izlerini üzerinden silebilir miydim, bilmiyorum ama yine de giyemedim işte. Kına da yakamadım.

Tecavüze uğradığım ilk günlerde genital bölgemden hep kan gelirdi. Hemen elimle silip temizlemeye çalışırdım. Bir gün o kanlar kurumuş elimde. Sokakta oynuyorum o kanlı ellerle. Canımın acısını unutmak istiyorum. Belki de oyun oynarken unutuyorum. O an arkadaşım "Ne oldu ellerine?" diye sordu. Hatırlıyorum, uzun uzun bakıp "Kına yaktı annem," demiştim.

Olsun, yine de prensesler gibi hissediyordum kendimi. Çünkü kahramanım yanımdaydı. Ben o gün gelinlik giyemedim ama beni içimdeki esaretten kurtaracak bir çift kanadı omuzlarıma taktım. Özgürdüm artık...

Ben bir söz verdim. Bana yapılan hiçbir hatayı kızıma yapmayacağım, diye. Şu an iki yaşında kızım. Onu doğduğu günden beri can kulağımla dinliyorum. Şimdi birkaç kelimelik cümlelerle kendini ifade ediyor. Lafını hiç bölmüyorum. Konuşması bitene kadar gözlerinin içine bakıyorum. Ne olursa olsun, onu suçlayıcı cümleleri kullanmıyorum. Asla SENİN YÜZÜNDEN demiyorum ve demeyeceğim. Çünkü biliyorum ki insan ne kadar suçlanırsa o kadar her şeyin sorumlusu olarak kendini görüyor. SUSUYOR VE KONUŞMUYOR...

Sevgiyle bağrıma basıyorum ve hep basacağım. Her gözyaşı döktüğünde "Neden?" diye sorup yüreğimin bütün kapılarını yavruma açacağım. Onu egolarımla değil duygularımla dinleyeceğim.

NAZLI...

"KORKUDAN SUSTUM"

Nazlı'nın hikâyesini yazarken kendi çocukluğuma gittim hep. Onu çocukken susturan sebepler benim de susma sebeplerimdi. O uğradığı tecavüze susmuştu, bense yaşadığım birçok şeye...

İlkokul üçüncü sınıfa gidiyordum. Annem ve komşular kapı önünde oturuyor, ben de onların on, on beş metre ilerisinde, sokağın başında, kaldırımda oynuyordum. Kaldırımdan inip, ayağımı yola atarak birkaç adım ilerlememle bana arkadan bir şey çarptı ve yüzüstü kapaklandım. Yere kapaklandığım an, aklıma gelen ilk şey "Acaba annem gördü mü?" oldu. "Anneee!" diye ağlayıp yardım isteyemedim. Çünkü bana bağırmasından, neden önüne bakmadın diyerek kızmasından korktum. O korkuyla hemen ayağa kalktım ve anneme baktım. Arkası bana dönüktü. Demek ki komşular ile arasında koyu bir muhabbet vardı. Bisikletin fren sesine rağmen yaşanan olayı fark etmediler.

Şimdi hatırlıyorum da ben düşerken ah, bile diyememişim. Anladım ki, istismar mağduru çocukları sadece tacizcilerinin tehditleri susturmuyor... Ailelerin kurduğu baskılar daha çok susturuyor. İnsan refleks olarak bile ses çıkarmaz mı? Çıkaramamışım işte...

Benim çocuğum şimdi düşse "Anneeeee," diye seslenir, benden yardım ister. Canı acımasa bile bazen sırf o ilgiyi kontrol etmek istediği için bana seslenir. Aslında bilir, annesi ona asla "Hadi kalk abartma bir şeyin yok ya da kör müsün, önüne neden bakmadın?" demeyecektir. Onun numara yaptığını anlasam bile, çocuğum EĞER BENDEN YARDIM BEKLİYOR VE CANININ ACIDIĞINI SÖYLÜYORSA yanına gider, onu ciddiyetle dinler, duyguları ve acısı ile asla dalga geçmeden "Acını anlıyorum," der, bağrıma basarım. O zaten sakinleşir, on saniye sonra kuş olur uçar, hiç düşmemiş gibi oyununa döner. Çocuğum oyununa dönerken şunları bir daha anlar: Bana bir şey olduğunda ailem sahip çıkıyor, destek oluyor, acımı anlıyor, beni dinliyor ve bağrına basıyor. Aileme güvenebilirim. Çocuğunuzun canı acıdığında, yanlış bir şey yaptığında, korktuğunda, üzüldüğünde siz ona nasıl yaklaşırsanız o da size o şekilde yaklaşacaktır. Aranızdaki güven duygusu işte böyle anlarda kurulur.

Ben, korkudan ağlayamadım bile. Boğazımda kocaman bir düğüm olarak kaldı. Hemen üstümü başımı temizledim. Her yerim toz içinde kaldı. ÇOCUK AKLIMLA, KİMSE ANLAMASIN DİYE DELİL KARARTIYORUM İŞTE. Kimi üzerindeki delilleri ellerindeki kanı yıkayarak karartır, kimi de üstündeki tozu temizlemeye çalışarak... Keşke bedenimizde ve ruhumuzda bırakılan bu izleri karartmayı değil de hakkımızı aramak için delil olarak kullanmayı öğrenseydik.

Baktım gören yok: "Oh ucuz atlattık," diyordum ki ayağımın üstünde koca bir yarık gördüm. Kalbimin nasıl korkuyla atmaya başladığını dün gibi hatırlıyorum. Demek ki bütün delilleri karartamamıştım. Ayağımda kocaman bir yara vardı. Bu yarayı annem görürse beni çok döver diye düşündüm. Belki söylesem hiç kızmayacak ama zihnimde önceden yaşayarak öğrendiğim yanlış inanışlar var. Yaralanmak suç ve bu suç da benim suçum gibi... Hemen koşa koşa eve gittim. Ayağımın üstündeki açık yaranın üstüne bir pamuk kapayıp çorap giydim. Ama o kadar çok kanıyor ki kan çoraptan dışarı çıkıyor, engel olamıyorum. Yaz günü, hava çok sıcak. Hemen kıştan kalma botlarımı giyip sokağa geri çıktığımı hatırlıyorum. Annem "Neden giydin botlarını?" diye sorduğunda "Hiiiiç," deyip bir köşede sessizce oturmuştum.

"Yaram var, kanıyor, sen bana kızarsın diye yaramı saklıyorum. Aslında canım çok acıdı ama senden korktuğum için yardım isteyemedim. Çok korktum, gözyaşlarım boğazıma düğüm oldu, şimdi sen bana bir kere sarılsan, ben senin kokunu ve sıcaklığını hissetsem rahatlarım, sakinleşirim, korkum geçer," diyemedim.

NE ACIDIR BİR ÇOCUĞUN ANNE KOKUSUNA İHTİYAÇ DUYDUĞU AN BUNU SÖYLEYEMEMESİ...

Eğer bir anne-babanın gözleri çocuğunun bedenindeki yarayı görmüyorsa, kalbinin içinde açılan yarayı nasıl görecektir. Yaranın nerede olduğu önemli değil, dikkatli bir çift göz yaralıyı nerede olsa tanır! Çocuklarımızı korumak için sadece sevmek yetmez, onun atan kalbi de olmak, bedeninde ve ruhunda açılan yaraları hemen fark etmek lazım...

Çocuklarınızın gözlerinin içine çok iyi bakın. Dil söylemese de göz söyler; hal söyler, tavır söyler. Çocukların konuşan dili, gözleri ve tavırlarıdır. Sakın ha! Görmezden, duymazdan gelmeyin.

Ertesi gün okula giderken evimize yakın olan sağlık ocağına uğrayıp ayağıma pansuman yaptırdım. Yapışan pamukları çıkartmaya çalışırken hemşire, "Ailen nerede senin, bu pamuğu kim koydu bu yaraya?" diye epey bir kızmıştı bana.

Annem on, on beş metre ilerimdeydi aslında, hatta sonra tüm gün evdeydik. Hatırlamıyorum ama belki de gece birlikte yattık. Ama ayrıntıya dikkat etmediği ve o an benimle ilgilenmediği için yaralandığımı fark etmedi. "Yaz günü neden bot giydin?" diye düşünüp sorgulamadı. Farklılığı hissetti ama üstüne düşmedi. Gece yarayı nasıl saklamayı başardım onu da hatırlamıyorum. Ama saklanacak bir yara değildi. O an tamamen ihmal edildim belki de...

Aldığım yara dört, beş günlük bir pansumanla geçip gitti. Ama hala izi ayağımın üstündedir. Ne zaman o yaraya baksam, canımın acısı değil de yaşadığım korku ve çaresizlik gelir aklıma. Ve biliyor musunuz, ben yaralandıktan dört gün sonra anneme söyledim. Eğer bir ceza alacaksam zaman aşımı indiriminden yararlanmak istedim galiba. Nasıl olsa iyileşmiş bir yarayı göstermek daha kolay. Çünkü bilinçaltında şu var: "Ben yaralandım. Ama bak, sana hissettirmeden onu iyileştirdim. Şu an sana zahmet verecek ve benim için endişelenmeni gerektirecek bir durum yok. Yaramı iyileştirmek için beni düzenli olarak sağlık ocağına götürme sorumluluğun da yok. O yüzden bana kızma sebeplerin ortadan kalkmış olmalı."

Bedende açılan yarayı iyileştirmek kolay da yüreğinde açılan yaraları kolay iyileştirebiliyor mu insan?

Aslında annem beni döven bir kadın değildi hatta fazlaca üstüme düşerdi. Akşama kadar sokakta beni beklerdi.

Gözünü benden ayırmazdı genelde. Ama onun da dalgınlıkları, dört küçük çocuğun ve hayatın ona verdiği sorumlulukları...

O zaman, annemden neden bu kadar korktum diye düşündüm, sonra biraz derinlere inince anladım. Annem hep bana kızardı... Ne zaman sokakta oynarken düşsem "Önüne neden bakmıyorsun?" diye, biri eşyama zarar verse "Neden sahip çıkmadın?" diye, biri beni kandırsa "Bu kadar saf olma!" diye, biri bana vursa "Neden dayak yedin?" diye.

Hep ben suçlu olurdum. Bisiklet bana çarptıysa mutlaka suçlu yine bendim. Neticede arkamı görmeliydim. Koskoca bisikleti görmeyip bana çarpmasına sebep olduysam bu kesinlikle benim suçumdu. Sanki bisiklete ben çarpmışım gibi hissediyordum. Kafama göktaşı düşse *o an kenara çekilmeliydim* ya da *başımın üstünde göz olmaması benim kabahatim,* diye düşünür; yine kendimi suçlardım. Hasta olup ateşlendiğimde bile bana kızardı "Ben sana demedim mi?" ile başlayan bir sürü cümle arka arkaya gelirdi.

Annem bunu kötü bir insan olduğu için mi yapıyordu? Hayır! Aslında annemin böyle davranmasının altında beni koruma içgüdüsü var. "Ben Dilek'e kızarsam korkar, korktuğu için bir dahaki sefere daha dikkatli olur ve kendini korur."

Evet, Dilek annesinden korktu ama kendine dikkat edip hiç kendini koruyamadı. Biri bana zarar verdiğinde, oyuncağımı aldığında, kalbimi kırdığında asla gidip aileme şikâyet etmezdim daha doğrusu edemezdim. Çünkü bilirdim, ailem mutlaka bana kızacaktı. O yüzden hep sustum. Parmakla gösterilecek kadar sakin bir çocuktum. Hatta çocukluk arkadaşlarım bazen bir araya gelince hala muhabbetini yapar, "Sen nasıl sessiz ve korkak bir çocuktun," diye. Aslında ben sessiz ve korkak bir çocuk değildim, bir annenin koruma içgüdüsüyle engellenmiş, her hatasında suçlu görüldüğü için susturulmuş ve sindirilmiş bir çocuktum.

Şimdi bunları yazarken düşünüyorum da bu kadar korkmasaydık ailemizden, sesimizi duyurmak için var gücümüzle bağırmaz mıydık? Bana çarpan abi komşumuzun oğluydu. Annemin görmemesi için verdiğim çabayı ve annemden çok korktuğumu anladı. Göz işaretiyle "İyi misin?" diye sorup sessizce uzaklaştı. Bana çarpan kötü kalpli bir olsaydı, benim bu acizliğimi kullanmak isteseydi, kullanamaz mıydı? Hem de çok rahat kullanırdı...

Bazen anne-baba olarak çocuklarımıza baskı kurarken onları sindirdiğimizi unutuyoruz. Kendimizce çocuğumuzu koruma altına almaya çalışırken daha da korumasız hale getiriyoruz. Bir çocuğu sürekli suçluluk psikolojisine sokmak sen ile başlayan cümleler ile yargılamak, ona hata yapma payı vermemek, size asla güvenmemesi gerektiğini öğretiyor. Çocuğunuz gözünüzün önünde çok büyük travmalar yaşar ama asla *imdat,* diye size koşmaz. Yarasına kendi merhem olmaya çalışır, çocuk aklıyla, ruhuyla ne kadar olabiliyorsa... Susar, konuşmaz, uzaklaşır en kötüsü de kendisine yapılan her türlü haksızlığa, istismara sessiz kalır.

Nazlı ile benim yaşadığım travma çok farklı ama susma sebeplerimiz aynı...

Benim bedenimdeki yara, izi kalsa da iyileşti. Ya Nazlı'nınki?

Çocuğunuzun ne zaman neye susmak zorunda kalacağını bilemezsiniz. O yüzden çocuklarınızı suçlamadan, yargılamadan, bağırıp çağırarak sindirmeden önce bir kere daha düşünün.

"İZNİM OLMADAN BANA HERKES DOKUNABİLİR Mİ?"

Ankara'da memur bir ailenin çocuğu olarak dünyaya geldim. Yıllarca beklenen misafir gibi doğduğumda çok iyi karşılanmışım. Çünkü iki erkek çocuğundan sonra beklenen kız çocuğuydum ben. Eğer o gün yaşanmamış olsaydı, çocukluğumdan geriye kalan anılar hep sevgi dolu anlar olurdu. Babam ve annem bize genel olarak çok iyi davrandılar. Her şeyin en iyisini yedirip en iyisini giydirmeye çalıştılar.

Abilerimden biri benden 7 diğeri 9 yaş büyüktü. Abilerimle ilişkilerim çok güzeldi. Hala kardeş olmak kadar güzel bir şey yok, diye düşünürüm.

Ben de cıvıl cıvıl, neşeli, sosyal bir çocuktum. Ailesi tarafından çok sevilen çocuklar, diğer insanlara da ışık saçarlar. Girdiğim her ortamda neşeli tavırlarım, bukle bukle sarı saçlarım ve deniz mavisi gözlerimle hemen dikkat çekerdim. Yetişkinler benimle ilgilendikçe büyük bir mutluluk duyardım. O yüzden herkesin yanına gider; kucağına oturur, sarılır, yanağından öper, hemen sohbet ederdim. Bana gösterilen ilgi çok hoşuma giderdi.

Her ne kadar bu ilgiden hoşlansam da rahatsız olduğum zamanlar da olurdu. Bazen yanağımdan öperlerken canım acırdı. Özellikle amcaların sakalları yüzüme batınca çok rahatsız olurdum. İki kolumdan tutup sertçe öpenler olurdu. Kollarım acırdı ama beni seviyor diye düşünür, ses çıkaramazdım. Bazen kollarımdan ve bacaklarımdan ısıranlar da olurdu. Özellikle bunu babam ve dedem yapardı.

Çocuk ruhu ve onun büründüğü beden naiftir. Bu naifliği korumak için hep nazik ve dikkatli davranmak lazım. Sonra çocuklar sert şekilde sevgi gösterilerini zihinlerinde normalleştiriyorlar. Çocuk bedenine ne kadar sert davranırsanız ruh o kadar kabalaşıyor. Kabalaşan ruh, bedeni kabalıkla yönetmeye başlıyor. Bir çocuğun nazarında kendine kaba davranılması veya başkasına kaba davranması çok olağanlaşıyor. Zamanla fark ettim ki ben de bebekle-

rimle oynarken onları ısırarak seviyorum ve başkalarının canımı acıtarak sevmeleri beni rahatsız etmiyor. Ruhu kabalıktan ve sertlikten korunan bir çocuk canı acıdığında "Ne yapıyorsun, canımı acıttın. Ben bunu istemiyorum. Yaptığın şey beni rahatsız etti," diye itiraz etmez mi?

EDER!

Ama benim İtiraz etme hakkım olmazdı. Hoşlanmadığım bir şey olduğunda veya kendimi sevdirmek istemediğimi söylediğimde ailem hemen bana tepki gösterirdi. Çünkü ailem için ben çocuktum ve kendimi sevdirmezsem ailem komşusuna, dostuna, akrabasına mahcup olurdu. Her konuda ellerinden gelenin en iyisini yapmaya çalışan ailem, BEDENİMİN BANA AİT OLDUĞUNU VE BENİM İZNİM OLMADAN DOKUNULMASININ DOĞRU OLMADIĞINI ÖĞRETMEK konusunda çok eksiklerdi.

Bu sadece ailemin eksikliği değil tabii... Şimdi düşünüyorum da bu, bana izinsiz dokunan herkesin hatası ve eksikliğidir. Keşke bu kadar ilgili davranmasaymış insanlar bana. Herkes istediği gibi kucağına oturtup sevmeseymiş beni. Birileri keşke benden izin isteseymiş:

"Seni öpebilir miyim?"

"Sana dokunabilir miyim?"

"Sana sarılabilir miyim?"

Beni severken keşke dokunuşlar daha seviyeli ve yumuşak olsaymış. En azından kimsenin bana benden izin almadan dokunamayacağını, bedenimin bana ait ve özel olduğunu hissetmiş olurdum. Sevginin yumuşak dokunuşlarla olduğunu bilir, canım acıdığında bunun adının sevgi olmadığını anlardım. Ya da yumuşak bir dokunuşla da olsa beni rahatsız eden duygunun sevgi olmadığını da bilirdim.

ÇOCUĞUNU BİLE BİLE İSTİSMAR MAĞDURU YAPMAK İSTER Mİ BİR AİLE?

MAALESEF SÜREKLİ DUYDUĞUM ŞU CÜMLELER BENİ İSTİSMARA AÇIK HALA GETİRDİ VE KENDİMİ KORUYUP İFADE ETMEME ENGEL OLDU.

"Sevsin teyze!"

"Öpsün amca!"

"Otur abinin kucağına!"

"Ayıp sen çocuksun!"

"Büyüklere itiraz edilmez!"

"Ne var! Bir kere öpecek!"

"Sen iyice mız mız oldun. Ne oldu sakalı battıysa!"

"O seni sevdiğinden ısırıyor!"

"Amacı canını acıtmak değildi, seviyor seni. Ağlayacak ne var!"

İşte benim yaşadıklarımın sorumlusu da bu cümleler oldu. Bedenime dokunulması ile ilgili kararları hep ailem verdiği ve benim kararlarım önemsenmediği için ben, bedenimin bana ait olduğunu ve tırnağımın ucundan saçımın teline kadar her yerimin özel olduğunu öğrenemedim. Herkes istediği zaman istediği şekilde bana dokunabilirdi. Benim yüreğim iyi ve kötü dokunuşu hissediyordu ama neden rahatsız olduğumu, nasıl ifade etmem gerektiğini bilmiyordum.

DUYGULARIM BUNLARI ANLAMAYA YETİYOR AMA KELİMELERİM ANLATMAYA YETERSİZ KALIYORDU. Çocuktum neticede, kaç kelimelik haznem vardı ki?

"Ben istemiyorum!"

"Bu dokunuş beni rahatsız etti!"

"Lütfen, bana dokunma!"

"Bedenim bana ait!"

Bu cümlelerin dil dağarcığıma eklenmesine hiç fırsat verilmedi ki.Ailem belki şöyle demiş olsaydı:

"KIZIM, KİMSE SANA SEN İSTEMİYORSAN veya KENDİNİ KÖTÜ HİSSEDİYORSAN DOKUNAMAZ, SARILAMAZ, ÖPEMEZ."

O zaman ben de rahatsız olduğum her durumda derdim ki:

"BEN İSTEMEDEN BANA DOKUNAMAZSIN, SARILAMAZSIN; BENİ ÖPEMEZSİN."

Ve bir çocuğun mutlaka cümle dağarcığında olması gereken bir cümle:

"SENİ AİLEME SÖYLERİM-SÖYLEYECEĞİM!"

Bu cümlenin ne kadar önemli olduğunu bir bilsek. Kaç tane çocuk istismarının önüne geçerdik.

Ama bana öğretilen neydi? Büyüklere HAYIR demek ayıptır.

BÜTÜN YETİŞKİNLER İZİNSİZ BANA DOKUNABİLİR, SARILABİLİR, ÖPEBİLİRDİ.

Üst katımızda annemin arkadaşı Suzan Teyze oturuyordu. Suzan Teyze'nin iki tane oğlu vardı. Kendi ağabeylerimle aynı yaştaydı. Suzan Teyze'mi çok seviyordum. Oraya gittiğim zaman her istediğim yapılıyordu. Evin ağabeyleri benimle oyun oynuyordu.

Annem bir gün beni Suzan Teyze'nin büyük oğluna bırakıp Suzan Teyze ile birlikte pazara gitti. Ben, o abiyi çok seviyordum. Çünkü ne dersem hemen yapıyordu. Onunla sürekli oyun oynuyorduk. Benimle çok güzel ilgileniyordu. Küçük bir çocukla oynayan herkes, onun en iyi arkadaşıdır. Annem ve Suzan Teyze gittikten sonra "Doktorculuk oynayalım mı?" diye sorduğunda heyecanla "Evet," dedim.

"Tamam, ben şimdi doktor oldum. Seni muayene etmem için soyunman gerekiyor," dediğinde benden istedikleri hiç anormal gelmedi. İtiraz etmeden bana denilenleri yaptım. Çünkü ne zaman doktora gitsek annem beni soyuyordu. Doktor teyze ya da amca beni öyle muayene ediyordu. Yani doktorun yanında soyunmak normaldi. Bir de Erdem Abi benim büyüğümdü. Büyükler istedikleri zaman çocukların bedenine dokunabilir, sarılır, öpebilirdi. İtiraz etmek ayıptı. Erdem Abi bana küsebilir, benimle bir daha oyun oynamak istemeyebilirdi. En iyi oyun arkadaşlarımdan birini kaybetmek istemiyordum. Bu sebeplerden dolayı, o an bedenime yapılan hiçbir dokunuşa ses çıkarmadım. Canım acısa da "Beni seviyor," diye düşündüm.

Üstelik Erdem Abi beni tembihlemişti: "Bunları kimseye anlatma. ARAMIZDA BİR SIR OLARAK KALACAK.

Hem ben senin abinim. Sadece oyun oynuyoruz. Bunları birine anlatırsan sana çok kızarlar. Bir daha bize de gelemezsin," diye.

Bazen babamla, annemin istemediği şeyleri yapardık. Mesela annem benim hamburger yememi hiç istemezdi. Bu yüzden babam bana hamburger ısmarladığında: "Sakın annene söyleme, aramızda sır olarak kalacak," derdi. Ya da annem bazen beni tembihlerdi: "Bunlar aramızda sır, sakın babana söyleme." Babam ve annem bana sır verdiğine göre Erdem Abi de verebilirdi. Hem sırlar kimseye söylenmezdi.

Ama ben kendimi belli bir süreden sonra kötü hissetmeye başladım. Bir anda mutsuzluk çöktü üzerime. Birden kalbim atmaya başladı. Atan kalbim değildi de yüreğime oturmuş bir kayaydı. Ya da kafesini kırıp dışarı çıkmak isteyen bir vahşi hayvan vardı sanki göğsümde. Ama neden böyle hissettiğimi ve ne yapmam gerektiğini bilmiyordum. Ayıp bir şey yapmıştım sanki. Birinin eşyasını izinsiz almak, birine zarar vermek, yalan söylemek gibi bir şey... Hayır, öyle değildi. Bu duyguyu ilk defa yaşıyordum. Daha önce hiç böyle hissetmemiştim. Ben bu duygunun ne rengini biliyordum ne adını ne de tadını.

Sustum, konuşamadım...

Doktorculuk oyunu bitince sessizce giyindim ve annemi beklemeye başladım. Ne olduğunu anlamaya çalışıyordum. İçimde susturmaya çalıştığım bir ses, ben susturmaya çalıştıkça çığlık atıyordu: "Yardım edin! Bir an önce kaçmak istiyorum buradan, anne lütfen çabuk gel, kurtar beni bu adını, rengini, tadını bilmediğim duygudan..."

Saniyeler, saatler oldu; zaman geçmek bilmedi. Sonunda kapı çaldı. Koşarak kapıya gittim. Annemi görünce ağlayarak boynuna sarıldım. Annem şaşırdı. "Ne oldu?" der gibi onun suratına baktı. O da annemin bu bakışına kayıtsız kalmadı: "Deminden beri canım sıkıldı. Ben anneme gitmek istiyorum, diyor Nermin Teyze. Seni görünce de ağlamaya başladı," dedi.

Sorgulamadı annem. "İlk defa böyle bir şey yaptın, neden üzüldün?" demedi. "Sen bu evden hep mutlu çıkardın, şimdi yüzündeki hüzün, gözündeki yaş neden?" demedi. Belki sorsa anlatırdım. Ama annem farkında olmadan beni susturdu.

"Kızım pazara gittik sadece, ağlanır mı öyle. Sen kocaman bir kızsın artık. Bak Erdem Abin çok üzülür böyle yaparsan. ÇOK AYIP. Ağlama artık."

Ağlamak da ayıptı.

Sustum.

Sadece doktorculuk oynamıştık ve o şahıs genital bölgemi muayene etmişti. Ne vardı ki bunda! Neden kendimi bu kadar mutsuz hissediyordum ki? Hem annem "Artık kocaman kız oldun," dedi. Sahi, koca bir kız mıydım ben? Büyümüş müydüm? Büyüdüğüm için mi yaşandı bunlar? Büyümek, koca kız olmak bunları yaşamaksa ben hep çocuk kalmak istiyorum o zaman...

Konuşmak, bağırmak, ağlamak istiyordum. Yapamıyordum...

Suzan Teyze'ye ve o şahsa, konuşsam belki de daha büyük bir ayıp etmiş olacaktım. Olsaydı! Bana ayıp olacağına onlara olsaydı. Küsselerdi bize, kızsalardı. Hatta aramıza uzun uzun mesafeler koysalardı. Keşke ailem zamanında kimseye izin vermeseydi. Kimin ne düşündüğü bu kadar önemli olmasaydı. El alem için değil, kendimiz için yaşıyor olsaydık...

Artık kendimden büyük erkeklerin yanına gitmek istemiyordum. Hele Suzan Teyzeler'e gitmeyi hiç istemiyordum. Annem ne zaman beni oraya bırakacak olsa "Lütfen beni oraya götürme!" diye ısrar ediyordum. Ama annem anlamak istemiyordu. Beni her seferinde ısrarla oraya bıraktı. O şahıs benimle yalnız kalmak istiyordu, anlıyor-

dum. Ama ben bir daha asla yalnız kalmamıza fırsat vermedim. Bazen kucağına alır, severdi beni. Ona da itiraz ediyordum ama annem, onlar duymadan beni uyarıyordu. "Çok ayıp bu yaptığın, insanlar yanlış anlayacak, gören de bir şey var zanneder," diyordu. Ama ben "Var Anne," diyemiyordum. "Hem de çok önemli bir şey var. Sen neden bu kadar körsün!" diyemiyordum. Mecbur gidip oturuyordum. Ama her dokunuşu beni rahatsız ediyordu. Hemen kucağından kalkıyordum. Ben bunları yaşarken 5-6 yaşlarındaydım. O da herhalde 14-15 yaşlarındaydı. Şu an 29 yaşındayım. Ama zihnimde bu hatıralar dün gibi, hiç unutmadım.

Ailem ***el alem*** *için yaşayan bir aileydi. Çok sevgi doluydular ama dışarıya karşı her zaman hep iyi olmak zorunda hissettiler kendilerini. Bize de hep bu şekilde davrandılar. Aman kimse bizi ayıplamasın, aman ne kadar iyi aile desinler, çocukları ne kadar terbiyeli...*

Aile tablomuz dışarıdan bakınca harikaydı. Gerçekten harika bir anne ve babaya sahiptim. Bizi hiç kırmadan, üzmeden, bir tokat atmadan büyüttüler. Ama dışarıya karşı olan bu zaafları maalesef beni susturdu. Eve gelen misafirin kucağına gitmesem, kendimi öptürmesem çok baskı yapardı annem. Kendimi kamu malı gibi hissetmeye başlamam galiba bundan.

Kızlarının herkes tarafından sevilen bir çocuk olması onların egolarını besliyordu. Oyuncak bir bebek muamelesi görmeseydim keşke.

Annem kalabalık bir ailenin en küçük çocuğu olarak dünyaya gelmiş. O kadar kalabalığın içinde kimse tarafından ilgi görmeden büyümüş; gelin olmuş, anne olmuş ama hiç kimse annem bunları yaşarken gerekli desteği ve ilgiyi göstermemiş. Annem "Ben ilgi görmeden büyüdüm," deyip evimize ve bize çok özen gösterirdi. Kendinde eksik kalan ne varsa bizim üzerimizden fazla fazla tamamlamak isterdi. Annem küçükken kimse onu takdir etmediği için şimdi evi üzerinden ve bizim üzerimizden sürekli takdir toplamaya çalışırdı. Bunu o zamanlar anlayamazdım elbet! Büyüdükçe her şeyi daha iyi anlar oldum.

Şimdi benim bir oğlum var. Doktora ne zaman götürsem onu soymadan önce açıklama yapıyorum ve izin istiyorum. "Şu an hasta olduğun için doktorun muayene edecek. Sırtını dinleyebilmesi için üstünü çıkarmamız gerekiyor. Eğer izin verirsen soyabilir miyim?" diye soruyorum. Eğer genital bölgesine bakılması gerekiyorsa doktora gitmeden bunu önce ona anlatıyorum.

"Özel bölgene ben dahil sen istemediğin müddetçe hiç kimse bakamaz. Bu bölgeni sadece sen görebilirsin. Bir de

temizlik için gerektiğinde ben, baban ve bizim izin verdiğimiz kişiler. Ama sen, biz de dahil olmak üzere senin herhangi bir yerine dokunduğumuzda rahatsız oluyorsan bunu hemen ifade etmelisin. Şimdi doktorun yanına girdiğimizde muayene edebilmesi için iç çamaşırını çıkarmamız gerebilir. Bilgin olsun istedim."

Annesi ve babası olarak onun bedenine ne zaman dokunacak olsak izin istiyoruz. En yakın akrabamız bile onu sevmek istediğinde izin istiyor. Çünkü bu konudaki hassasiyetimizi biliyor. Yabancı biri ona dokunacak olsa çocuğumdan izin istemesi konusunda uyarıyorum. İnsanlar bazen beni bu sebepten dolayı itici buluyorlar ama hiç önemli değil. Ben bunu yaşayarak öğrenmiş biri olarak biliyorum ki bir çocuğa sen nasıl davranırsan diğer insanlar da öyle davranır. Çocuk kendi bedenine sahip çıkmayı ve bedenini korumayı, ailesi onun bedenine saygı duyduğu zaman öğreniyor.

Onun bedeni hakkında hiçbir kararı ben vermiyorum. Banyo için bile olsa soyunmak istemiyorsa zorlamıyorum, oyun ile bir şekilde ikna ediyorum. Zorla öpmüyorum, sevmek için sıkıştırmıyorum, severken asla canını acıtmıyorum. İç çamaşırını sadece benim ve benim izin verdiğim insanların (doktor, bakımından sorumlu kişi...) dışında kimsenin yanında çıkarmaması gerektiği ilk öğrettiğim şey oldu. Ve en önemlisi onun dil haznesine her fırsatta "Dokunmanı, sarılmanı, öpmeni istemiyorum. Bedenim bana ait. Bana, ben istediğim kadar yakınlaşabilirsin," gibi cümleler ekliyorum.

Çocuğuma üç yaşında tuvalet ile ilgili alışkanlıkları kazandırdığımda tuvalet temizliğini de öğrettim. Çok hijyenik yapamıyor ama olsun. Ben onu yatmadan önce yıkayıp yatırıyorum. Banyoda onu tamamen çıplak yıkamıyorum. Mutlaka iç çamaşırı oluyor. En son çamaşırını çıkartıyor. Çamaşırını çıkartırken gözlerimi kapatıyorum ya da arkamı dönüyorum.

Çocuğum kendi mahremiyetini biliyor ve başkasının mahremiyetine saygı gösteriyor. Ailesi olarak biz çocuğumuzun mahremiyetine saygı duyarsak ancak o zaman çocuğumuzda da mahremiyet bilinci oluşur.

Anne ve babadan hiçbir sırrın saklanmaması gerektiğini anlatıyorum. Anne ve baba olarak asla çocuğumuza yalan söyletmiyoruz. Birimizin müsaade etmediği şeyi diğerimiz yokken yapmaya çalışmıyoruz. Kendini kötü hissettiren hiçbir olayın sır olarak kalmaması gerektiği bilincini her fırsatta ona kazandırmaya çalışıyorum. Bir yetişkin çocuğuma bir sır veriyorsa ve bunu kimseye söyleme diyorsa bunun mutlaka paylaşılması gerektiği öğretmeye çalıştığım ilk şey oldu.

SİBEL...

***

Lütfen bir eşyayı sahiplenir gibi çocuklarımızı sahiplenmeyelim. Üzerinde tek söz sahibi bizmişiz, kendi kararları olamazmış gibi davranmayalım. İzin isteyerek sevelim. "Bu kadar da abartmayalım," diye düşünmeyin. Eğer söz konusu çocuksa daha da abartalım. Daha fazla saygı duyalım, izin isteyelim. Kendini ifade etmesine fırsat verelim. Canını acıtarak sevmeliyim ki biri onun canını acıttığında bunu normal karşılamasın, sessiz kalmasın. Söz konusu çocuğumuz ise kimseye yaranmak zorunda değiliz. Bırakın insanlar fazla duyarlı olduğumuzu, çocuğumuzu fazla koruduğumuzu düşünsün. Hiç önemli değil. Yeter ki herkes nerede duracağını bilsin. Hem bu kadar bilinçli bir çocuk yetiştirdiğimizi gören ve çocuğumuza zarar vermek isteyen biri çocuğumuza zarar vermeye çalışabilir mi? Bu çocuk her şeyin farkında, beni ailesine söyler düşüncesiyle geri adım atmaz mı?

Çocuğumuz kendine dokunulmasını istemiyorsa birilerine ayıp olacak diye çocuğumuzu zorlamayalım. Çocuk kendini herkesin malı gibi hissetmesin. Ayıp olacaksa o dayıya, amcaya, teyzeye, halaya, nineye, dedeye olsun. Hangi ayıp çocuğumuzun bir gün bu duruma düşmesinden daha ayıp olabilir ki?

"VARLIKLI BİR AİLENİN YOKLUK ÇEKEN ÇOCUĞUYDUM BEN"

Sorunlu bir ailenin tek çocuğu olarak dünyaya geldim. Çocukluğuma dair hatırladığım tek şey gece kafamı yastığa koyduğumda ertesi gün için dua etmekti; "Allah'ım ne olur yarın ailemizde kavga çıkmasın," diye.

Annem hastalık derecesinde kıskanç bir kadındı. Babam da işten kalan vaktini hep dışarıda arkadaşlarıyla geçiren bir adamdı. Hep bu aileye evlatlık verildiğimi düşünürdüm. Tek çocuktum zaten. Belki de evlatlık verilmiştim.

Babamın maddi durumu çok iyiydi. Büyük, lüks evlerde büyüdüm. Evimiz çok odalıydı ama bir odaya sığacak kadar bile birbirimize karşı sevgimiz ve saygımız yoktu. Eşyalarımız, arabamız, kıyafetimiz, yediğimiz, içtiğimiz, gezdiğimiz yerler çok lükstü ama birbirimizle olan ilişkimiz sefalet içindeydi. Varlıklı bir ailenin yokluk çeken çocuğuydum ben. Parayla alınabilecek her şey evimizde bolca vardı. Bizi sefalet içinde bırakan satın alamadıklarımızdı. Biz her şeyin maddi değerini bildik, para ile satın alamadıklarımızın ise bir değeri yoktu. Sevgi, saygı, ilgi gibi...

Bu arada annem ve babam iyi üniversitelerin, iyi bölümlerinden mezunlar. İkisi de varlıklı ailelerin çocukları. Amaçları sadece para kazanmak olan iki ailenin, sevgiden yoksun çocuklarının evlenmesi sonucu dünyaya gelen mağdur çocuk da bendim.

Annem, babamı takip etmekten ve bir de para sıkıntısı olmamasından dolayı hiç çalışmamış. Sadece bir sıfata sahip olmak için okumuş. Oysa ben annemin en güzel sıfata benimle kavuştuğunu düşünmesini isterdim. Anne sıfatını da hakkıyla yerine getirebilmesini...

Annem hesapta ev hanımıydı ama ben ve ev dışında her şeyle ilgilenirdi. Keşke çalışan bir kadın olsaydı. O zaman, "Çalıştığı için benimle ilgilenemiyor," diye düşünür bu sevgisiz ve ilgisiz hayat için kendimce bir sebep bulmuş olurdum.

Annem her gün kalkar; süslenir, giyinir, eline telefonunu alır saatlerce telefon veya bilgisayar başında vakit geçirirdi. Sadece kahvaltıda biraz sohbet ederdik. Yemekten sonra "Hadi sen şimdi odana git, oyun oyna," der, beni yollardı. Bakıcım Şermin Abla, akşama kadar beni nasıl oyalayacağını bilemezdi. Bazen annemin yanına gitmek isterdim. Annem hemen Şermin Abla'ya öfke dolu gözlerle bakar, "Bir çocuğu oyalamıyorsun!" diye kızardı. Ben ise can atardım annemle beş dakika vakit geçirmek için. Üzüntü ve öfkeyle geri odama dönerdim. Kendimi o kadar değersiz hissediyordum ki; "Keşke telefon olarak dünyaya gelmiş olsaydım," diye düşünür, "Telefonun karşısındaki kişi neden ben değilim," diye üzülürdüm. Acaba benim de bir telefonum olsa annem benimle de konuşur muydu? Bizim konuşabilmemiz için arada kablolara mı ihtiyacımız vardı? Telefonda konuşurken bazen kahkahalarını duyardım. Benim ona anlatabileceklerimden daha eğlenceli kim, ne anlatıyor olabilirdi ki!

Bazen anneme bir şeyler sormak için yanına giderdim. Telefon ekranından gözünü ayırmadan cevap verirdi. Annemi, gözlerimin içine bakarak cevap vermekten alıkoyan şey, benden daha mı önemliydi? Değildi tabii! Sosyal medyada bir sayfa, oynadığı bir oyun, ya da ge-

zindiği internet siteleri engel olurdu, benimle gözlerinin buluşmasına. Oysa bir çocuk için ne kadar kıymetlidir, sorduğu soruya gözlerinin içine bakarak cevap vermek. Sorularım arka arkaya geliyorsa sıkılır, "Offf ne çok soru sordun, hadi oyununa dön," diyerek beni başından göndermeye çalışırdı.

Okula başlamamla birlikte annemin ayağının altından kaybolmuş olmam onun vicdanı için büyük bir rahatlama olmuştu. Beni hemen özel bir okula verdiler ve yoğun bir ders programı ile beni hayatlarından alıp kaldırabilecekleri en yüksek rafa koydular. Önceden az da olsa bir paylaşımımız vardı. Şimdi ise okul-ders-yatak arasında bir hayata başlamıştım.

Babam geç vakit eve gelirdi. Genelde annem, babam gelir gelmez avını bekleyen kaplan gibi saldırırdı. Kırılan bardaklar, tabaklar; edilen hakaretler, küfürler... Ağlama krizleri... Sonra hepimizi içine alan derin bir sessizlik... Annem odasına çekilir, babam televizyon karşısında uyuyakalırdı. Ben ise odamda her gece aynı korku filmini izlemiş olmanın verdiği endişeyle yorganın altına saklanır, sessizce beklerdim.

Babam bazen misafir odasında yatardı. Öyle zamanlarda, nadir de olsa yanıma uğrar, başımı okşayıp odası-

na geçerdi. Ben de o arada uyumuş numarası yapardım. Koca yirmi dört saatin sadece bir dakikası babam ve bana özeldi. Mutlu olmak için yirmi dört saatte o bir dakikaya hasret kalarak büyüdüm. O bir dakika bir saniye gibi çabucak geçerdi.

Yıllar sonra anladım ki annem ve babam birbirlerine para ve gösteriş için tahammül ediyorlarmış. Ben de bu gösteriş ve para merakının çürümüş, içi kurtlu meyvesi... Dışarıdan bakınca kıpkırmızı, kocaman iştah kabartan ama ezkaza biri ikiye bölecek olsa kurtların içini kemirip bitirdiği, ne olmuş buna böyle dedirtip doğru çöp kovasını boylayacak bir elmaydım oysa...

Bana konuşma hakkı hiç verilmedi. Hiçbir konuda fikrim sorulmadı. Çocuktum ben, ne anlayacaktım. Süslenmiş, püslenmiş başköşeye konulmuş biblo gibiydim. Üstümdeki kıyafetler son derece markalı ama kalbim, ruhum, beynim bitpazarından giydirilmiş gibi ikinci el. Kimse "Bir derdin var mı?" demedi. Varlığım ve yokluğum onlar için çok bir anlam ifade etmedi. En önemlisi de hiç sevilmedim ya da ben hiç hissetmedim.

Geceleri bazen korkardım, anne ya da babamın yanına gitmek isterdim. Ama o kadar yabancı geliyorlardı ki bana, yanlarına gitmeye çekinirdim. Yastığımı alır kapılarının önlerine gider, sessizce yere yatardım. İçeride olduklarını bilmek iyi gelirdi. Keşke iyi gelen, bir kere bile girmeye cesaret edemediğim onların yatağındaki huzur olsaydı...

Özellikle babamdan hep nefret ettim. Her gün kendime sözler verdim. Bir gün senden intikam alacağım. Eve hayalet gibi giren çıkan bir baba olmaktan daha ileriye gidemedi. Dönüp geçmişime baktığımda ikimize dair kafamda hiçbir hatıra olmaması ne kadar da acı. Bu acıyla nefretimi her gün biraz daha besledim. Bana bu acıyı çektiren babam, mutlaka benden gelecek farklı bir acıyla sınanmalıydı. Annemi sevseydi, belki annem de beni severdi. Babam annemi, annem de beni ilgisiz bıraktı. Biz asla çözülemeyecek bir kör düğümdük artık. İlgisizlik hayatımıza öyle bir düğüm atmıştı ki telafisi de bedeli de çok ağır oldu.

16 yaşıma kadar bu hayat böyle saçma sapan sürdü, gitti. Her gün bir adım daha uzaklaştım onlardan. Ailem beni en iyi okullarda okutarak, cebime sınırsız paralar koyarak, kendilerince hiçbir şeyimi eksik etmiyordu. Onlara göre her şeyim tamdı. Benim çok şanslı bir çocuk olduğumu söyleyip duruyorlardı. Oysa ben her gün şansızlığıma isyan ediyordum. En yakın arkadaşım bilgisayarım oldu ve oradan tanıştığım sanal dostlarım... Bir gün bu sanal ortamda biriyle tanıştım. Bana çok sıcak davranıyor, beni anlıyor, kendimi değerli hissetmemi sağlıyordu.

İlk kalp atışı, ilk heyecan, ilk özel hissetmek... Nitekim buluşmaya karar verdik.

Benden 6 yaş büyüktü. Tabi oraya gittiğim arabadan, üstümdeki kıyafetten, kolumdaki saatten varlıklı bir ailenin çocuğu olduğum çok belliydi. Daha ilk buluşmada büyülenmiştim. Âşık olmak böyle bir şey miydi yoksa ben sevgiye çok aç kaldığım için mi böyle hissediyordum? Zenginliğimi anladığı kadar sevgi yoksunu olduğumu da anlamıştı aslında.

O günden sonra onu her gün görmek istedim. Her buluşmada kalbimi, hayatımı, sırlarımı biraz daha açtım. En zayıf noktalarımla kendimi ona tanıttım. Beni nerelerden vurabileceğini kendi ellerimle gösterdim. Bu arada ailem hiç sorgulamıyordu. Nereye gidiyorsun? Nereden geliyorsun? Neden harcamaların bu kadar arttı? Umurlarında bile değildim. Annem bu arada muhtemel bir dost edindi kendine, babama artık sarmıyordu. Kimsenin birbirinin ne yaptığından haberi olmayan, aynı evde yaşayan üç yabancı...

Âşık olduğum insan yalnız yaşıyordu. Ara sıra onun evine gidiyorduk. Cinsellikle ilgili ilk deneyimlerimi yaşıyordum. Yaşadığım her deneyim beni daha da ona bağlıyordu. Her buluşmada okşanan bedenim değil, ruhumdu.

Özellikle dizlerine yatıp sessizliği dinlemek çok iyi gelirdi bana. Başımı koyabilecek bir omuz ve dize hiç sahip olmadığım için bunca kavganın ve gürültünün içinde bana en iyi gelen yer sevdiğim insanın omzuyla dizi olurdu. Bir de saçlarımın arasında gezen parmakları. Onun parmakları saçlarımın arasında gezerken bir anne şefkati duyardım. Sanki bir yerlerde kendimi unutmuşum da başımı onun dizlerine koyduğumda yeniden bulmuş gibi hissederdim. Yıllardır aranan kayıp eşyayı bulmuş gibi mutlu olurdum. Aslında mutlu olmak için küçük bir dokunuşa ihtiyacım varmış. Bu dokunuşlar sahte mi, gerçek mi; iyi veya kötü niyetli mi hiç sorgulamadım. Bulmuştum çünkü! Bende kaybolan ve bana kendimi iyi hissettiren güzel duyguları bulmuştum.

AMA SORGULAMAM GEREKİYORMUŞ... GEÇ DE OLSA ANLADIM...

Bir gün bana bir ilaç vererek deneyimlerimizin daha eğlenceli olacağını söyledi. Çok güveniyordum ona. İlacı alınca sanki yıllardır dinmeyen acılarım dindi. İlk defa kafamın içinde ailemin bende yarattığı boşluğun acısı yoktu. Bulutların üstünde gibiydim. Ama bulutlardan aşağı sert bir şekilde düşmem ve ciddi yaralar almam uzun sürmedi. Meğer kendime yaptığım en büyük kötülük, o gün aldığım o ***ilaç*** *olmuş.*

Yaptığım her hatada babamdan, annemden intikam alıyordum sanki. Geçmişimden, sevgisizliğimden, görmezden, duymazdan gelinişimden... Anne diye kollarına koşarken anne denilen kadının beni elleriyle ittiği her andan, benden çaldığı her vakitten intikam alıyordum. Babamın geceleri eve gelmeyişinden, bir baba oğul ilişkisi kuramayışımızdan, oğlum diyerek bir kere bağrına basmadığı her andan...

Zamanla bir bağımlı oldum. İlk birkaç denemede bana mutluluk veren bu ilaç ve diğerleri artık ruhumu ve bedenimi ele geçirmiş, ailemin bana yaşattıklarından daha ağır acılar yaşatır olmuştu. Vücudumda bitmek bilmeyen ağrılar başlamış, içimde güzellik adına kalan son şeyleri de bu maddelerle kaybetmiştim. Geçici bir zevkin kurbanı olduğunu anlamıştım ama artık çok geçti.

Her şeyden vazgeçmiş olduğum için aileme kötü davranmaya başladım. Bütün nefretimi her gün neredeyse suratlarına kusuyordum. Davranışlarımdaki değişikliklerden dolayı ailem benim bir bağımlı olduğumu anladı. Ama asla bu durumdan kendilerini sorumlu tutmadılar. Hep beni suçladılar. Her şeyin en iyisini yedirip en iyisini giydirmişlerdi. En lüks evlerde yaşamış, arabalara binmiştim. Onlara göre hayırsız, nankör, şımarık olan bendim. Para beni azdırmıştı. Bu sefer de parasız bırakarak terbiye etmeye çalıştılar. Ama asla anlayamadılar ki, ben bu lüksün içinde yalnızlıktan, ilgisizlikten, sevgisizlikten sefaletin en dibini yaşayan insandım. Keşke gördüğüm lüks evler, eşyalar, mekanlar değil de sevgi, ilgi olsaydı.

Siz bu hikâyeyi okumaya başladığınızda benim genç bir kız çocuğu olduğumu düşündüğünüz değil mi? Sadece genç kız çocuklarının başına mı gelir sevdiği tarafından kandırılmak. Bunun erkeği-kadını yoktur. Sevgiye, şefkate, ilgiye, ona ailesi tarafından ayrılması gereken vakte aç bir çocuk her zaman ona kollarını sevgiyle açan ilk kişiye bütün kalbini ve sırrını açar. Ona sonsuz sevgiyle bağlanır. İçine çekildiği batağın farkına bile varmaz, varsa bile içindeki sevgisizlik ateşi onu bu batağın tam ortasına iter.

Para ile saadet olmaz demiş ya büyükler. Gerçekten olmuyor. Çocuklarına iyi bir gelecek hazırlamak için hunharca çalışan aileler, çocuklarına bunun gibi sebeplerden vakit ayıramıyorlarsa, bu çalışma hayatı onların vakitlerinin büyük çoğunluğunu çalıyorlarsa bunu bir kere daha düşünsünler.

Paranın çocuk için hiçbir değeri yok ama aile ile vakit geçirmek öyle mi? Çocuklar büyüdükleri zaman onlara aldığınız lüks eşyaları ya da yaşattığınız lüks hayatı hatırlamayacaktır. Onlara gösterdiğiniz ilgi, sevgi ve onlar için ayırdığınız vakti hatırlayacaktır. Sen bu dengeyi çocuğun hayatında kuramazsan terazi en baştan itibaren yanlış tartmaya başlar. Sonra yanlış inanışlar ve hayatlar bunu takip eder. Denge de kalamayan her çocuk gördüğü ilk sevgide kendini dengelemeye çalışır. Ama sorgulamadan, yargılamadan…

Sizce beni sadece benden 6 yaş büyük o kadın mı istismar etti? Ya ailem tarafından uğradığım duygusal istismar? "Hangisi daha ağırdı?" diye soracak olursanız inanın buna cevap veremiyorum bile. İnsan parayı bir şekilde buluyor. Ya ailemin ben de eksik bıraktıklarını nasıl bulacağım? İçimde dinmeyen öfkeyi, nefreti nasıl susturacağım…

Ben şu an 25 yaşındayım ve 3 yaşında bir oğlum var. Evet, doğru duydunuz. Yaşadığım her türlü kötülükten kurtuldum. Hani âşık olduğum kadın vardı ya, o da benim gibi aslında aile mağduru. Babası tarafından bir içki masasında kendinden 30 yaş büyük bir adama satıldığı gece evden kaçıp bu hayatın içine düşmüş. Sonra beni de çektiği bu hayattan onun hamile olduğunu öğrendiğimiz gün kurtulmaya karar verdik. İçimizdeki irade ve kucağımıza alacağımız çocuğun umuduyla yeniden hayat bulduk. Biz aile mağdurları olarak kendi çocuğumuza aynı mağduriyeti yaşatmak istemedik. Kolay olmadı ama oldu. Hem de her şey çok güzel oldu…

KAAN…

İNSANLARI EVLENDİRMEK TEDAVİ YÖNETEMİ DEĞİLDİR!

Feyza'nın ailesi yıllar önce Türkiye'den İngiltere'ye taşınmış. Feyza, ailenin üçüncü çocuğu olarak İngiltere'de doğmuş. Aile yıllar önce İngiltere'ye gitmesine rağmen kendi gelenek ve göreneklerinden vazgeçememiş ama iki kültür arasında ne kendi kültürlerini yaşayabilmişler ne de bir İngiliz gibi hayatlarına devam edebilmişler.

Zaten yurtdışında yaşayan birçok vatandaşımızın maalesef ortak sorunu bu. Ne buraya ait olabiliyorlar ne de oraya. Buraya geldiklerinde *Alamancı* oraya gittiklerinde *yabancı* etiketi ile yaşıyorlar. Feyza da bu Alamancı ailenin çocuğu olarak iki kültür arasında bir türlü kendi yolunu bulamayan genç bir kız oluyor. Ailesi tarafından istenilmeyen davranışları olduğu için (alkol, uyuşturucu, eve gelmemek...) evlendirilmesine karar veriliyor. *Evlenirse evinin kadını olur, çoluk çocuğa karışır, kendini düzeltir,* diye düşünüyorlar. Kötü arkadaş kurbanı olduğu düşünülen Feyza, apar topar Türkiye'den biri bulunup evlendiriliyor. Feyza bu duruma itiraz etse de çok dikkate alan olmuyor maalesef. Özellikle Türkiye'de kalması isteniyor ve bunun için gerekli maddi yardımı yapacaklarına söz veriyorlar.

Feyza ilk zamanlar evliliğe adapte olmakta çok zorlanıyor. Aile içinde sürekli tartışma, kavga, gürültü yaşanırken hamile olduğunu öğreniyor. Ama Feyza asla anne olmak istemediği için çocuğu aldırmaya gittiğinde yasal süreyi geçtiği için doktorlar çocuğu almıyor. Feyza da çocuğu düşürmek için elinden geleni yapıyor ama çocuk düşmüyor.

Sıkıntılı ve zor bir hamilelik sürecinden sonra çocuk dünyaya geliyor. Feyza çocuğu kucağına bile almak istemiyor ama bu duygularını çok ifade edemiyor.

Bu süreçte sürekli ailesine, "Türkiye'de kalmak istemediğini, eşini sevmediğini, bu çocuğu istemediğini," söylüyor. Fakat aile kesinlikle Feyza'yı dinlemiyor.

Feyza çocuk doğduktan sonra eşinden gizli, yeniden alkol ve uyuşturucu almaya başlıyor. Çocuğu, eşi, eviyle ilgilenmiyor. Baba bu durumdan rahatsız fakat ayrılmak için çocuğun biraz büyümesini bekliyor. Çocuk büyüdükçe babanın düşündüğü gibi durumlar ilerlemiyor.

Feyza, çocuk büyüdükçe çocuğa karşı bir bağlılık duymaya başlıyor. Her gün çocuğu ile vakit geçiriyor, yanından hiç ayrılmıyor, onunla birlikte yatıp onunla birlikte kalkıyor. Eşiyle arası pek düzelmese de genel anlamda bu evlilikte işler yoluna girmeye başlıyor. Baba da eşinin çocuğuna bağlılığına dayanarak, çocuğunu da düşündüğü için boşanma işini biraz askıya alıyor.

Ama baba zamanla Feyza'nın bu aşırı bağımlılığından rahatsızlık duymaya başlıyor. Çünkü Feyza, çocuğa kimsenin dokunmasını, öpmesini, sarılmasını istemiyor. Baba dahil, çocuğu kimseye dokundurmak istemiyor. Sürekli çocuğun odasında vakit geçiriyor, kimseyle yalnız bırakmıyor. Babayla bile çocuğunu yalnız dışarıya göndermiyor.

Bu sefer aile içinde bu sebeplerden dolayı kavgalar çıkmaya başlıyor. Çünkü Feyza'nın bu davranışları hastalık boyutuna ulaşıyor.

Feyza çocuğuna bu kadar bağlıyken çocuk zaman zaman anneye bir yabancı gibi davranıyor. Bazen ağlama nöbetleri yaşıyor. Anneye karşı hırçınlaşıyor, bağırıyor, vuruyor. Feyza ise bütün sakinliğiyle çocuğuna yaklaşıyor. Çocuk annesinin baskısından dolayı kimseyle konuşmuyor, baba ile sağlıklı bir ilişki kuramıyor.

Feyza bir gün rahatsızlanıyor ve hastaneye yatırılıyor. Mecburen ameliyat olması gereken bir durum oluşuyor. Bu durumda bile Feyza, çocuğunu eve göndermek istemiyor, yanında kalması konusunda ısrar ediyor. Fakat baba bu sefer buna müsaade etmiyor ve çocuğu babaannesiyle eve gönderiyor. Çocuk içine kapanıyor ve kimseyle konuşmamaya başlıyor. Baba ve babaanne çocuğun annesinin ameliyatından etkilendiğini düşünüp üzerine fazla gitmiyorlar. Feyza'nın hastaneden çıkacağı gün baba çocuğu da alıp hastaneye gidiyor. Hastane yolunda çocuğa soruyor:

"Anneni çok mu özledin?"

Çocuk herhangi bir şey söylemiyor.

"Anneni çok mu seviyorsun?"

Çocuk yine bir şey söylemiyor. İkisi de sessiz bir şekilde hastane yolunda yürürken çocuk birden babasını durduruyor. *"Baba, annem şimdi ameliyat oldu ya, ben artık onun özel bölgesindeki acı suyun tadına bakmak zorunda kalmayacağım değil mi?"*

Baba çocuğunun bu sözleri karşısında şaşırıyor.

"Evlat ne demek istediğini anlayamadım. Annenin acı suyu nerede var ki?"

"Annemin pipisinde..."

***

Bu olayı ilk dinlediğimde çok şaşırmış ve üzülmüştüm. Bir annenin çocuğunu istismar edebileceğini asla düşünmemiştim. Ruh sağlığı yerinde olan bir ebeveynin bunu evladına yapabilmesi mümkün değildir.

Toplum olarak yapmış olduğumuz en büyük hata, gençler ailelerin istemediği davranışları gösterip kötü alışkanlıklar ediniyorsa, aileler hemen çözümü evlendirmekte buluyorlar. Sizce evlenmek veya çocuk sahibi olmak bunları düzeltebilir mi? Bence çok düşük bir ihtimaldir. Kötü alışkanlıklar kazanmış ya da toplum tarafından kabul görmeyen davranışlarda bulunan kişilerin çalması gereken kapı evlendirme dairesi değil, bu alanda çalışan uzman kişiler ve kuruluşlardır.

Çocuk yaşadığı istismarı babasına anlatınca, baba anneyi hemen gerekli kuruluşlara şikâyet ediyor. Dava sürecinde Feyza'da kişilik bozukluğu olduğu anlaşılıyor.

İstismar aslında sadece kişilerin değil toplumun suçudur. Bu olayda çocuğun yaşadığı cinsel ve duygusal istismar bir ihmal zincirinin son halkasıdır. Feyza aslında ergenlik dönemiyle birlikte kabul görmeyen davranışlar göstermeye başlamıştır. Aile Feyza'ya koca bulmak yerine iyi bir psikiyatri uzmanı bulsaydı, Feyza tedavi edilebilirdi. Eşi Feyza'nın durumunu bilir ona göre bu tedavi sürecine dahil olurdu. Feyza'nın çocuğu bunları hiç yaşamazdı.

KÖTÜ ALIŞKANLIKLARI VE UYGUNSUZ DAVRANIŞLARI OLAN İNSANLARI EVLENDİRMEK, BİR TEDAVİ ŞEKLİ DEĞİLDİR! BAĞIMLI BİR KİŞİ EVLENDİĞİ İÇİN BAĞIMLILIĞINDAN KURTULAMAZ VEYA BOZUK OLAN PSİKOLOJİSİ TEDAVİ EDİLEMEZ. KENDİ SORUMLULUĞUNU BİLE ALAMAYAN BİR KİŞİYE BAŞKA BİRİNİN SORUMLULUĞUNU VERMEK, O KİŞİNİN MEVCUT DURUMUNUN DAHA KÖTÜYE GİTMESİNE SEBEP OLABİLİR. AYNI ZAMANDA BAŞKA İNSANLARIN DA HAYATINI KARARTABİLİRİZ. BU İNSANLARIN EŞLERİ VE ÇOCUKLARI GENELDE FİZİKSEL, DUYGUSAL VE CİNSEL İSTİSMARA MARUZ KALIYOR.

İNSANLAR EVLENDİRİLMEDEN ÖNCE NASIL FİZİKSEL MUAYENEDEN GEÇİYORSA, MUTLAKA PSİKOLOJİK MUAYENEDEN DE GEÇMELİDİR. RUH SAĞLIĞI YERİNDE OLMAYAN İNSANLARIN EVLENDİRİLMESİNE İZİN VERİLMEMELİDİR. İKİNCİ PSİKOLOİK MUAYENE DE ÇOCUK SAHİBİ OLMAYA KARAR VERDİKTEN SONRA YAPILMALIDIR. AYNI ŞEKİLDE AĞIR PSİKOLOJİK VAKKALAR GÖZLEMLENEN, BAĞIMLI OLAN, ANNE VE BABALIĞA HAZIR OLMAYAN İNSANLARIN ÇOCUK SAHİBİ OLMALARINA DA İZİN VERİLMEMELİDİR.

Çünkü bu insanlar toplum için tehlike arz ederler. Duygularını kontrol edemedikleri için vicdan muhasebeleri farklı bir düzende çalışır. Anne ve babasına, eşine, çocuğuna, sokaktaki hayvana şiddet uygular ama bundan rahatsızlık duymaz. Zorbalık yapmayı alışkanlık haline getirir, yaptığının hata olduğunu kabul etmez. "Kaşının üstünde neden gözün var," diyerek başkalarına saldırmak için kendine havadan sudan sebepler bulur. "Ya benimsin ya toprağın," der; sahip çıkmadığı, bütün gelirini kumara bağlayarak rızkını getirmediği için evi terk eden karısının, çocuğunun yanında, boğazını keser.

Ya da Feyza gibi çocuğunu yıllarca istismar eder. Ve gerekçe olarak da: "Çocuğum başka kadınlara âşık olup da beni bırakır gider diye yaptım," diyerek kendince haklı bir bahane gösterir. Çünkü yıllar önce olması gereken tedavi gecikmiştir. Feyza'nın kullandığı uyuşturucular hastalığının tetiklenmesine sebep olmuştur.

Sağlıklı ve dengeli davranışların bulunduğu bir ortamda büyüyen çocuklar genelde ruhsal, duygusal, sosyal açıdan da sağlıklı oluyorlar. Çok az çocuk, sevgi ve saygı dolu bir ortamda büyüyüp de toplum için tehlikeli ve faydasız olur. Bütün istismar çeşitlerinin önüne geçmenin en önemli faktörlerinden biri de sağlıklı bireyler yetiştirmektir.

Eğer çocuğuna sabredemeyeceksen, ilgin, şefkatin ve merhametinle muhafaza edemeyeceksen çocuk sahibi olmayacaksın. Ha bu, şu demek değil: Çocuklarınızı asla kızmayacaksınız; sürekli aman canım, gülüm balım olacaksınız. Böyle bir dünya yok zaten. Hayatın içinde her türlü duygu var ve çocuk istenmeyen bir davranış yapıyorsa bunun duygusal bedelini ödemeli zaten. Ama bu bedel genelde sözlü ve fiziksel şiddet olur, bir de yanına ihmalle ilgisizlik eklenirse, bu şartlarda yetişen çocuk ruh sağlını kaybedebiliyor.

İstismar eden kişilerin geçmişlerine bakıldığında genelde hepsinin arka fondaki manzarasının benzer olduğu görülmüş. Neredeyse hepsi çocukluğunda ağır fiziksel, duygusal ve cinsel istismara maruz kalmışlar. Tabii bu cümlelerimden bunları yapan kişilere kılıf bulduğum düşünülmesin. Eğer çocuklarımızı istismardan korumak istiyorsak, toplum olarak ruh sağlığı yerinde bireyler yetiştirmeliyiz. Biz istediğimiz kadar çocuklarımıza mahremiyet eğitimi verelim, bir yerlerde sürekli fiziksel, duygusal, cinsel istismara uğrayıp ihmal edilen çocuklar yetişiyorsa bu düzeni değiştirmemiz çok zor olacaktır. Sağlıklı bireyler yetiştirmeyi, sevgi, ilgi, saygı, şefkat, merhamet duygularımızı çocuklarımıza göstererek ve bu duyguları onlara kazandırarak başarabiliriz.

Amacımız çocuk sahibi olmak değil de kendisine, ailesine ve topluma faydalı çocuk yetiştirmek olursa bunu gerçekleştirebiliriz. Karnını doyurup, üstünü giydirip, dört duvar arasında barınma imkânı sağlamak aile olmak için yeterli olmaz. Aileye ve insanı ayakta tutan en önemli değer sevgi ve saygıdır.

AYIP!

Bu toplumdaki birçok insan, hep ayıplana ayıplana büyüdü.

"Sus, ayıp!"

"Konuşma, ayıp!"

"Gülme, ayıp!"

"Bacak bacak üstüne atma, ayıp!" dediler.

Ama neden AYIP? Ben neden susmalıyım, cevap vermemeliyim, konuşmamalıyım, gülmemeliyim, bacak bacak üstüne atmamalıyım? Hiç açıkladınız mı? Sebeplerini söylediniz mi? Sadece ayıp dediniz. Gülmenin, konuşmanın, susmanın, bacağımızı nereye koyacağımızın adabını öğrettiniz mi? Siz bunları bize öğretmeden bizi sürekli ayıpladığınız için biz nasıl davranmamız gerektiğini içselleştiremedik. Ailemizin istediği davranışları hep baskı ve korkudan yaptık.

Sadece bunlar ayıp değildi. Mesela yuvarlak vücut hatlarına sahip olmak, biz kadınların en büyük ayıbıydı. *Adet* olmak daha büyük ayıp. Biri sana göz koyduysa ve senin ırzına geçtiyse bu yine senin ayıbındı.

"Kim bilir ayıp ne yaptın da bu başına geldi?"

Cezası genelde en iyi ihtimalle kendinden yaşça çok büyük biriyle evlendirilmek, kapı dışarı çıkartılmamak, sürekli şiddet ve kötü kadın muamelesi görmek, aile içindeki bireyler tarafından kullanılmak, başka adamlara pazarlanmak...

Bir insan ruhu, bedeni bunları yaşamayı nasıl kaldırır?

Kadınlar minibüslerden indirilip çocuklarının gözlerinin önünde boğazlarından kesilerek öldürüldü. Öldürülen kadınların arkasından "Ama kadının sevgilisi varmış," diyerek erkeği hala haklı çıkarmaya çalışmadık mı? Zorla ırzına geçilmiş birçok kadınımız bu ülkede intihar süsü verilerek ortadan kaldırıldı. Bu tecavüzlerin çoğu aile içinde değil miydi? Amcası, dayısı, abisi tarafından tecavüze uğrayıp hamile kaldığı için aynı kişiler tarafından namussuzlukla suçlanıp yine onlar tarafından öldürüldü. Bu olaya tanıklık eden anneler, abiler, babalar, akrabalar susmadı mı? Kızlık zarına çok önem yükledik. Gerdek gecesinde kızlık zarı esnek olduğu için yırtılmayan kaç kadın bu ülkede cinayete kurban gitti, biliyor musunuz? Ama hep sustuk, konuşmadık, duyurmadık, üstünü kapattık.

Neden?

Çünkü AYIP!

"Aman kimse duymasın, ayıp."

"İnsanlar hakkımızda ne düşünür, ayıp."

"Bizim bir şerefimiz var, ayıp."

Birçok insan şerefini küçücük çocukları para karşılığı kendinden yaşça çok büyük insanlara (hesapta) gelin ettiklerinde ve onlara tecavüz edilirken buna sessiz kaldıklarında kaybetti.

Hangi ayıp, küçük bir çocuğun geleceğini ellerinden alırken sessiz kalmak kadar büyük olabilir ki?

Bir tanıdığımız bu kitabı yazmaya karar verdiğimi duyunca "Benim hikâyemi de yaz; ben sana anlatacağım, sen de tüm insanlığa anlat," dedi.

Ben daha küçük bir bebekken annem, babamı bırakmış; beni de yanına alarak amcasının evine dönmüş. Çünkü annemin de bir ailesi yokmuş. Daha sonra annemi bir adamla evlendirmişler. Adamın da benden 5 yaş büyük bir oğlu varmış. Biz biraz büyümeye başlayınca üvey babam beni istememiş.

"Benim bir oğlum var, senin de kızın. Bunlar yarın bir gün büyür. Dedikodu çıkar," diyerek beni öz babamın yanına yollamışlar. Bir kız çocuğuna o zamanlardaki bir baba (60 sene önce) ne kadar sahip çıkabilir ki. Kendi kendime büyüdüm ben. 9 yaşıma geldiğimde babam koyun gütmeye yollamaya başladı. Köyden birkaç kilometre ileriye, dağa bayıra hayvan gütmeye giderdim.

Evde üvey annem vardı. Babamdan çocukları olmuştu. Analık eziyetleri bir yandan, tarla işleri bir yandan, hayvanlar bir yandan hayatımı geçirmeye çalışıyordum.

11 yaşımda adet olmuştum. Utancımdan ne yapacağımı bilemedim. Kimseye bir şey diyemiyorum. Nasıl derim "Özel bölgemden kan geldi," diye. Ben adet olmak ne demek onu da bilmiyorum. Annem de sahip çıkmadı bana. "Bu genç kız olacak, kanaması olacak, ne yapması gerektiğini anlatayım," demedi.

Nasıl bir utanç içindeyim! Neden geliyordu bu kan acaba? Kime sormalıydım, bilemiyordum. Sonra baktım üstüm başım batmaya başlayacak utana sıkıla üvey annemin yanına gittim. Söyleyinceye kadar yerin dibine gir-

dim, çıktım. Sonunda bir cesaret söyledim. Söylediğim gibi suratımın ortasına bir tokat yedim. Ne olduğunu anlayamamıştım. Acaba yanlış bir şey mi söyledim?

"Kiminle ne halt yedin, çabuk söyle!" diye beni o kadar çok dövdü ki. "Ben bir şey yapmadım," desem de bana inanmadı. Akşam babam gelince ona da söyledi. Günlerce bu sebepten dolayı dayak yedim. Aradan bir aydan kısa bir süre geçti, yine aynı kanama oldu. Korkudan bir şey diyemiyordum. Köyümüzde bir ebe vardı. Bir bahane bulup ona gittim. Durumu anlattım. O da bana, adet olduğumu, bunun artık her ay olacağını söyledi. Her ay geleceğini duyunca korkudan ağlamaya başladım. Çünkü benden kan geldiği için analığımdan ve babamdan çok dayak yedim. Demek ki çok ayıp bir şeydi bu ve her ay benden gelecekti.

Hıçkıra hıçkıra ağlamaya başladım. Ebe ne olduğunu sorunca olanları anlattım. Beni sakinleştirdi, bağrına bastı, gözyaşımı sildi ve adet olmanın ne demek olduğunu anlattı. O beni bağrına bastığında daha çok ağladım. Beni bağrına basan hiç olmamıştı ki... Ana kokusu ne demek, ben hiç bilmedim. Ebe beni bağrına bastığında annemin bende eksik bıraktıkları aklıma geldi. Ne kadar yalnız ve çaresizdim.

Ben sakinleştikten sonra bana bir poşet pamuk ve gazlı bez verdi. Gazlı bezi pamuğa nasıl saracağımı, nasıl kullanacağımı anlattı. Sonra benimle eve kadar gelip babama bir şeyler söyledi. Ebe gittikten sonra babam beni bir daha dövdü. Neden biliyor musun? Çünkü ben ayıbımı başkaları ile paylaşmışım. Ebe olacak kadın ve ben, babalara asla söylenmeyecek bir şeyi utanmadan nasıl söylermişim! O gün dünyaya bir kadın olarak geldiğim için çok isyan ettim. Her ay, özel günlerimde kendimden nefret ederdim. Tek çilem bu değilmiş tabii. Ne bilecektim beni daha çileli günlerin bekleyeceğini. 12 yaşımdayken hayvanları otlamaya çayıra gittiğim bir gün oradaki çobanlar tarafından tecavüze uğradım. Ne sesimi çıkarabildim ne de çığlık atabildim. Biri duyar da babama söyler diye bana yapılanlara sadece seyirci kaldım. Adet olduğumda yediğim dayağın sebebini üstüme başıma bulaşan kanı görünce anlamıştım. Bana gerçekten şimdi kötü bir şey yapılmıştı ama ben bunun dayağını bundan bir sene önce yemiştim zaten.

Çocukluğuma dair hiçbir hayalim yoktu benim. Olmayan hayallerim bu karanlık günle de doğmadan bitti, gitti. 5 ay sonra hamile olduğum anlaşıldığında babam, köye rezil olmak korkusuyla bana bunu yapanlara hiçbir şey demedi. Karnımdaki çocuk ölsün diye sadece beni günlerce tekmeledi. Sonra o çocuk ölü bir şekilde doğdu. Kimseye duyurulmadan sessiz sedasız gömüldü.

Bütün ayıplar o çocuk ile o gün toprağa verildi. Ölen sadece bebeğim değil benim de çocukluğumdu. Ama kendi elleriyle öldürdükleri çocuğumun ve çocukluğumun kimsenin gözünde en ufak bir değeri yoktu. Önemli olan ailemin şerefinin, namusunun kurtulmasıydı. Babam olmayan şerefini kurtarmıştı.

Artık ben bir kadındım. Üvey kardeşlerim durmadı tabii. Onlar da benden istifade etmeye çalıştılar. Üvey annem buna hep göz yumdu. 16 yaşımda iken artık yaşadıklarım ağır gelmeye başladı omzuma. Üvey kardeşimi öldürmek istedim. Ama sadece yaralayabilmiştim. Sonraki süreç malum. Yetiştirme yurduna alındım. Ama çilem bitmedi.

Yurtta benim gibi onlarca kız vardı. Bir tanesi babasının çocuğunu doğurmak üzereydi. Üstelik annesi olacak kadın hala babasıyla birlikteydi. Orada yurt görevlileri taciz etmeye çalıştı. Sonrasını biliyorsun. Eşimle tanıştım, evlendim, çocuklarım oldu. Bir şekilde yaşamaya devam ettik.

KEZBAN...

***

Ben bu hikâyeyi dinlerken biri gelip sanki yüreğimin ortasına bir taş koydu. Şu an eminim, o taş şimdi sizin de yüreğinizin tam ortasında. Bizim okumaya dayanamadığımız, "O kadar da değildir," diyerek inanamadığımız bu hikayeleri, bu ülkede binlerce kadın yaşadı maalesef ve kendine yapılanlara seyirci kaldı. Neden? *Ayıplanmamak* için...

Ne kadar çok insan hesapta ayıplanmamak için evladını, ailesini toplum baskısına ve cehalete kurban etmiş. Sanmayın ki bu anlattıklarım önceden yaşanıyordu, şimdi medeniyete kavuştuk; öyle bir şey yok maalesef. Öyle hikayeler dinledim ki ne benim kalemim yazabilir ne de sizin yüreğiniz okumayı kaldırabilir.

Toplum olarak değişmediğimiz müddetçe size belki çok uzak gelen her şey bizim kaderimiz olmaya devam edecektir.

"BEN BİR YAPBOZUN KAYBOLAN PARÇASIYDIM"

Üç çocuklu bir ailede büyüdüm. Evin ortanca çocuğuydum. İki dilim ekmek arasında kalmış sucuklu ve kaşarlı tost misali olur bazen ortanca çocuklar. Büyük ile küçük çocuk arasında sıkışır, sıktıkça erir, eridikçe bir kalıba sığamaz. Sürekli taşar, taştıkça etrafa bulaşır, bulaştıkça da kendinden bir parçayı eksiltir, yapıştığı yerde bırakır. Asla bir bütün kalmayı ve etrafını sarmış olan baharat kokusu yüzünden kendi öz kokusunu ve tadını korumayı başaramaz.

Tabii bu durum bizim aile gibi dengenin kurulamadığı, adaletin sağlanamadığı bir ortamda büyüyen ortanca çocuk için geçerlidir. Her ortanca çocuğun kaderi sucuk ekmek arasında kalmış kaşar gibi değildir.

Küçük kardeşim bana haksızlık yaptığında, "Sen büyüksün dur!" ablam haksızlık yaptığında da "Sen kü-

çüksün sus!" dediler. Yani ben hep "DURDURULUP SUSTURULDUM." Susmam ve durmam yine de yeterli olmadı. Büyüklerime karşı saygılı, küçüklerime karşı da sevgi dolu olmak zorundaydım. Bana saygı ve sevgi duyulması pek de önemli olmadı.

Aile içinde isteklerime, beklentilerime genelde önem verilmedi. Duygularımın ve ruhumun ritmi hiç dinlenilmedi. Çocukluğumda hep kardeşlerimden arta kalan sevgi, ilgi ve sabırla büyütüldüm. Yani ben sevgi kırıntılarıyla, tabi o da kalırsa, yüreğini doyurmaya çalışan ve aç kaldığı için sürekli kanat çırpan bir çocuktum. Ama her çırpınış duyulmadığı ve görülmediği için zamanla vazgeçtim. Sadece duygu kırıntılarıyla ruhumu beslemek zorunda kalmam yetmiyormuş gibi giydiklerim de hep ablamdan bana arta kalandı.

Yeni bir kıyafetim, bazı bayramlar dışında, neredeyse hiç olmadı. Saçlarım talebe saçı, kıyafetim eski ve bazı kıyafetlerim erkeksi... Çünkü benden 2 yaş büyük erkek kuzenimin kıyafetlerinin bir kısmını kardeşim giymeden önce de ben giyerdim. Arkadaşlarımın anneleri kızlarının saçlarını uzatır, rengarenk tokalarla toplardı. Renkli elbiseler, taytlar, tişörtler giydirir; bense hep onlara özenirdim. Biliyor musun, benim hiç renkli bir tokam, uzun saçlarım, elbiselerim hatta saçlı bir bebeğim bile olmadı. Maddi ve manevi temel ihtiyaçlarım ya eski ya arta kalmış ya yıpranmış ya da hiç yoktu. Ben bir yapbozun kaybolmuş o eksik parçası gibi hissettim hep kendimi. O parça hiç bulunamadı, belki de hiç bulunma çabası içine girilmedi ve ben bu yüzden hiç tamamlanamadım.

Ablam için aynı durum pek söz konusu değildi. Ben çekingen, içine kapanık bir çocuktum. Ablam kendini hep daha rahat ifade ederdi. Bir de ilk çocuk olmasından dolayı ailem ona karşı daha toleranslıydı. Küçük kardeşim de erkek olduğu için el üstünde tutuluyordu. Hatta öyle ki bizim, iki ablanın, sırf o erkek diye ona karşı saygı duyması, onun her işinin bizim tarafımızdan yapılması beklenirdi. Çünkü o erkekti ve biz kız çocuğu olarak hizmet etmek zorundaydık. Bir de her işini ağlayarak yaptırdığı için anne ve babamı bıktırmıştı. Aile içinde hangi çocuk daha sakinse maalesef ondan daha fazla özveri bekleniyordu. Ben zaten itiraz eden bir çocuk olmadığım için kardeşlerim aman bağırmasın, ağlamasın diye öncelik genelde onlara verilirdi.

Annem ve babam hayat telaşına düşmüş, bu yüzden yolunu sürekli kaybeden iki avare âşık gibiydi. Ne gitmek istedikleri yol belliydi ne de geri dönmek istedikleri...

Annemin hayata dair amacı ev, yemek, temizlik üçgeninden bir adım ileri gidemiyordu. Bu üçgenden bir tanesinde işler yolunda gitmeyince faturayı hemen bize keserdi. Tabii faturanın yüklü bir kısmını bana ödetirdi. Ablanı dinle, kardeşini bağırtma... Ablamın bitmek bilmeyen istekleriyle kardeşimin bağırtısı arasında ayarı bozuk pusula gibiydim. Hangi yöne dönmek istesem yine yanlış yerde buluyordum kendimi. Yani kimseyi tatmin etmeyi başaramıyordum.

İşte ben de bu kardeş ve aile baskısı içinde arada bir yerlerde büyüdüm. Annem üç çocukla çok zorlandığını söylerdi. Ben de bu iki kardeşli hayatın getirdiği sıkıntılardan, annem ve babamın baskılarından dolayı zorlanırdım da yine de şikâyet edemezdim.

KEŞKE DOĞURABİLECEĞİ KADAR DEĞİL DE, MADDİ VE MANEVİ DOYURABİLECEĞİNE İNANDIĞI KADAR ÇOCUK SAHİBİ OLSAYDI HERKES...

Babam da çalışma hırsıyla gözü paradan başka bir şey görmeyen biriydi. Sürekli akşamları eve dinlenmeye geldiğini söyler ama bizden dolayı bir türlü huzur bulamadığından dolayı şikâyet ederdi. Ben babamla oyun oynadığımı hiç hatırlamıyorum mesela. Baba denilince aklıma, elinde kumanda, yanındaki sehpada çayı ve göbeğinde çe-

kirdek tabağı olan adam gelir aklıma. Bir de: "Gidin odanızda oynayın, akşama kadar canım çıkıyor zaten, bir de sizin gürültünüzü çekemem," sözleri...

Ergenlik dönemim de böyle geçti tabii. Hep eksik hep yarım hep başkalarına özenerek... İşin acı kısmı da ne biliyor musunuz? Ben de maddi yönden eksik bırakılan şeylerin sebebi ailemin maddi gücünün olmaması değildi. Babam iyi bir fabrikada çalışıyordu. Maaşı gayet iyiydi. Bunun yanında ek işler yapıyordu. Parasızlıktan olsa belki içimde bir yerlerde ailemi anlayacağım ama bunları imkanları varken yaptılar. Annemin hep şu sözlerini hatırlarım:

"Ne gerek var. İsraf haramdır. Para biriktirip ev, araba almalıyız. Çocuklarımız var geleceklerine yatırım yapmalıyız. Çocuk o, ne anlar yeniden."

Hepsini anlıyordum ama keşke anlamıyor olsaydım. Hesapta bize bir gelecek hazırlamak için kendilerinden ve bizim ihtiyaçlarımızdan fedakârlık ettiler. Büyüdüğün zaman para kazanıp kendine bir gelecek kurabiliyorsun ama çocukluğuna geri dönüp sende eksik bırakılanları tamamlayamıyorsun. Geleceğe yapılan en güzel yatırım, çocukluğa yapılan yatırım değil midir? Nasıl bir çocukluk geçirdiğin, geleceğine atılan temelse, benim temelim atılırken hep malzemeden çalındı. Şimdi ben bazen sert rüzgarlara ve depremlere karşı ayakta kalmayı başaramıyorum.

Kendimi hep külkedisi gibi hissettim. Çocuk bile olsan üstüne başına giydiğinden ne kadar hoşnutsan özgüvenin de o kadar kuvvetli oluyor. Ben hep utangaçtım. Kimse beni görsün istemezdim. Hep bir hayalet olmayı tercih ederdim. Sadece üstüm başım değil tabii, asıl sorun gerekli ilgi ve sevgiyi görememiş olmamdı.

Ergenliğe doğru hayatımdaki eksiklikler beni daha da mutsuz etmeye başladı. Yakın akrabalarımızın düğünü olurdu. Herkes düğün için alışveriş yapar ben ise eski kıyafetlerle o düğün alayına çıkardım. Akrabalarımızın o imalı bakışlarını asla unutmam.

Bayramlarımız da aynı özensizlik içinde geçerdi. Sadece ben değil, ailem kardeşlerime de pek özen göstermezdi. Ama ablam ilk çocuk olduğu için o hep yeni giydi, ben ise eski. Erkek kardeşime de kuzenimden gelen giysiler dışında arada yeni giysiler alınırdı. Bir de erkek olmasının getirdiği avantajlarından dolayı bana göre daha özenli davranılırdı. Bizim nesil ne kadar çok ihmal edilmiş. Duygularımız, hislerimiz ne kadar çok görmezden gelinmiş.

Şimdi düşünüyorum da ben annemi ve babamı o zamanlar anlayamazdım. Çünkü bir yetişkin ve ebeveynlik duygusunu yaşamış biri değildim. Ama onlar çocukluk ve ergenlik dönemi geçirdiler. İkisi de çocukluklarına ve ergenlik dönemlerine biraz dönseler bizi çok daha iyi anlamış olmayacaklar mıydı? Belki de onlar da ilgisiz ailelerin çocukları olarak büyüdüler. Ne görmüşlerdi ki ne göstereceklerdi? En iyi nasıl biliyorlarsa bize öyle bir aile oldular. Herkes bildiğinin en iyisini yapmaz mı? Böyle düşününce onları suçlamaktan vazgeçiyorum ama yine de içimdeki kırgın çocuğun gönlünü alamıyorum.

Ergenlik dönemimde en büyük kaygım beğenilmemekti. Arkadaşlarının yanında kendini iyi hissetmesi bir ergen için ne kadar önemlidir. Çocukluğumun farkında olmadılar, ergenliğimin nasıl olacaklardı? Benimki de kuru bir isyan işte. İçi asla dolmayacak ve anlaşılmayacak bir sitemden daha ötesi olamadı zaten.

Bir keresinde amcamın oğlunun düğünü olacaktı. Nasıl yalvardım anneme bana da elbise al diye. Tahmini 14-15 yaşlarındayım. "Babanın sülalesi gibi o... elbiselerini giydirmem sana," demişti. O sözler hala kulaklarımda çınlar. Düğün için özel bir elbise istemek beni nasıl öyle bir kadın yapacaktı? Günlerce ağladım ama kimsenin umu-

runda olmadı. Akıllarınca onlar beni koruyorlardı. Farkında değillerdi ki beni tehlikeye açık hala getiriyorlardı. İlla mini, dekolteli, yaşıma uygun olmayan bir elbise alın demedim ki... Yeni, düzgün bir kıyafet istedim oysa.

Paranın önemli bir güç olduğuna inanmaya başladığımda ilkokul son sınıfa gidiyordum. Artık bana, anne ve babamın ilgi gösterip göstermemeleri umurumda değildi. Sevgi dolu bir aile olma umuduma müebbet cezası verdim. Müebbet yemiş duygularım ve umutlarım artık özgür kalamayacaktı.

Tam 11-12 yaşlarımda paramız olmadığı için böyle ezik olduğuma ve değer görmediğime inanıyordum. Artık annemin ve babamın cebinden para çalmaya başlamıştım. Okulda arkadaşlarıma ve öğretmenime bir şey ısmarlamak, kıyafetlerim ve aile içinde değer görememekten kaybettiğim güvenimi, paramla, kantinden ısmarladıklarımla kazanırım sanıyordum. Ailesinden değer görmeyen bir çocuk olarak, başkaları tarafından karşılıksız değer göremeyeceğine inanıyor, bir şeyler ısmarlayarak kendime bir değer satın alabilirim sanıyordum.

Sonra annem para çaldığımı fark etti. Beni babama söyledi. İkisinden de sağlam bir sopa yedim. "Neden cebimizden bizden izinsiz para aldın?" diye ikisi de sormadı.

Kendilerini hiç sorgulamadılar. "Biz nerede hata yaptık," demediler. Ve ben yıllarca her fırsatta başkalarının paralarını çalmaya devam ettim.

Ergenlik zamanımda çaldığım paralarla kendime hep kıyafet, ayakkabı, makyaj malzemeleri alırdım. Zamanla gerçek sevgi ve ilgiyi parayla satın alamayacağımı anlamıştım ama para ile aldığım güzel kıyafetleri giyerek kendimi iyi hissedebilirdim. Bu yüzden para benim için önemli bir güç kaynağıydı.

15 yaşlarında iken aile içinde ciddi anlaşmazlıklar yaşanmaya başladı ve bu durum beni duygusal anlamda çok etkiledi. Yaşadıklarımdan kaynaklı olduğunu düşündüğüm bazı rahatsızlıklar yaşamaya başladım. Bunun üzerine annem beni alıp bir doktora götürdü. Daha odaya girer girmez babam yaşındaki bu adamın bakışları bana tuhaf gelmişti. Kızı yaşında bir çocuğa bakar gibi değildi bakışları. Ön bilgileri alırken yaşımı öğrendiğinde çok şaşırdı. Ben çok erken adet olduğum için çabuk gelişmiştim. Vücut hatlarım 18-19 yaşlarında genç bir kız gibiydi. Uzun boylu, sarı saçlı, renkli gözlü, dikkat çeken genç bir kız gibiydim.

Neyse, beni hastanede muayene etti. Muayene olurken ilk defa bir erkeğin bana dokunduğunu düşündüm. Babam başımızı bile okşamazdı çünkü. Bir baba şefkati hissettim birden. Ya da ben öyle olması gerektiğine inandığım için öyle düşündüm. Baba şefkati hayatımda önemli bir boşluktu. Ve bu doktor tam o boşluktan yakaladı beni. Sobelendim galiba...

"Bir sorun var ama bulamıyorum," diyerek beni özel muayenesine çağırdı. "Orada daha gelişmiş ultrason aletleri var, daha iyi görürüz, üstelik para da talep etmiyorum," diyerek ailemi de ikna etti. Ertesi gün verilen adrese gittik, muayeneden sonra "Haftada bir gelsin, kontrol edeceğim," diyerek sık sık özel muayenesine çağırmaya başladı ve hiçbir kontrolden de para talep etmediğini söyledi.

Ailem için en can alıcı nokta para vermeyecek olmalarıydı. Sağlıklı her anne-baba, bunu mutlaka sorgular: Neden para istemiyor?

Doktor, "Ben Pınar'ı çok sevdim," diyerek ailemin de güvenini kazanmaya çalışıyordu. Tabii bizimkilerin de aklına farklı bir ihtimali düşünmek gelmiyor. Babam yaşında adam bana bir şey yapacak değildi ya! Üstelik önemli bir kimliği var. DOKTOR! Ailem de doktor kimliğine güvenerek birkaç defadan sonra beni tek başıma kontrollere yollamaya başladı.

Doktorun yanına her gittiğimde içimde adını koyamadığım manasız bir duygu oluşuyordu. Hem yanına gidip görmek istiyordum hem de bu doktordan rahatsız oluyordum. Yalnız gittiğim zamanlarda farklı şekilde ilgileniyordu.

"Seni gezmeye götürmemi ister misin, hiç sahip olamadığın bir şeyler oldu mu? Sana bir hediye almak istiyorum, ne almamı istersin?" gibi yaklaşımlarla 15 yaşında nereye çeksen gelecek, baba şefkati görmemiş, hayatında bir şeyler eksik bırakılmış genç bir kızın aklını çelmeye çalışıyordu. İçimde beni rahatsız eden bir duygu oluşuyordu ama duyguyu görmezden, duymazdan gelmeye çalışıyordum. Söylediği şeyler kulağıma çok hoş geliyordu.

"İstediğim her şeyi alır bana, istediğim her şeye sahip olabilirim," diye düşünüyordum. "Bana ilgi gösteriyor, benimle ilgileniyor; ne kadar iyi niyetli, güzel kalpli bir adam," diye kendime telkinler veriyordum. İçimde beni rahatsız eden duyguya hiç kulak asmak istemiyordum.

O doktor denilecek şahıs da bana çok temkinli yaklaşıyordu. Ürkütmeden sürekli beni yokluyordu. Bende eksik kalanları tamamlama vaatleriyle nefsime hoş gelecek şekilde davranıyordu.

Beni muayene ederken farklı şekilde dokunduğunu hissederdim. Ama anlamazlıktan gelirdim. Annemin bana söylediği sözleri gelirdi sonra aklıma "Aman kızım dikkat et! Baban öldü, anan öldü, derler. Seni arabalarına bindirirler. Yabancı birinin yanında asla bir şey içme, içtiğin şeye ilaç koyarlar. Seni dağa kaçırırlar. Keserler, kimse görmez."

"Offff anne ne ya! Milletin işi yok, beni dağa kaçıracak, kim ne yapsın beni?" derdim. Aslında haberi yok.

TANIMADIĞIN KÖTÜ GİYİMLİ İNSANLARIN ZARAR VERME İHTİMALİ; TANIDIKLARI, GÜVENDİKLERİ, İYİ GİYİMLİ, KARİYER SAHİBİ BİR İNSANIN ZARAR VERME İHTİMALİNDEN DAHA DÜŞÜKTÜ.

Yaz tatili başladı o arada. Doktor bana tatilde istersem yanında çalışabileceğimi söyledi. Çok hoşuma gitmişti bu teklif! Kendi paramı kazanacak, istediklerime sahip olacaktım. Bu ergen biri için en can alıcı noktadır. Çünkü ergenlikte mantık yolculuğa çıkar, bize duygularımız eşlik eder. Para kazanma ve isteklerine sahip olma düşüncesi beni çok cezbetti. İşte bu noktada genç bir kız, her türlü suiistimale açıktır.

İşe başladığımın üçüncü günü herkes gittikten sonra o şahıs, "Dün gece seni rüyamda gördüm. Gördüklerim beni çok heyecanlandırdı," dedi. Biraz tedirgin oldum. Bu ko-

nuşmaların sonu iyi bir yere gitmeyecekti. Sonra bana yaklaşarak sarılmaya ve öpmeye çalıştı. Hemen bir yolunu bulup kollarından sıyrılarak, sanki hiç anlamamış gibi yapıp oradan ayrıldım.

Çok kaygılanmıştım ama ertesi gün işe yine gittim. Çünkü kazanmak istediğim bir para, kazandığım parayla almak istediklerim vardı. Kandırmak için baba şefkatiyle benimle konuşan ve saçımı okşayan bir adam vardı. Niyeti kötüydü hissediyordum ama yine de ertesi gün işe gitmekten kendimi alıkoyamadım. Hiçbir şey olmamış gibi devam ettim. Birkaç gün hiç yüzüme bakmadı. Doğru düzgün benimle ilgilenmedi. Ama ben benimle ilgilensin istiyordum, kazanacağım parayı ve bu şahıstan gördüğüm ilgiyi kaybetmek istemiyordum. Bir süre sonra o şahıs benden istediğini alamayacağını anlayınca, "Sen artık gelme!" dedi. O kadar moralim bozulmuştu ki... Cahillik işte. Aklı farklı çalışıyor insanın.

Aslında hiç gitmemem gerekirdi değil mi? O şahıs bana sarılıp öpmek istediği an, onu aileme söylemeliydim. Ama yapmadım. Neden? Çünkü aileme güvenmiyordum. Allah bilir neler olacaktı. Belki okul hayatım bitecekti.

Biliyor musun, o doktor biraz daha genç olsaydı ve ona dokunmayı midem biraz kaldırsaydı, ben onun isteklerini yerine getirirdim. Beni bu istismardan koruyan ne aldığım terbiye ne de o şahsın evli olmasıydı. Sadece bana göre çok yaşlı olduğu için itici gelmişti. Yoksa ben bu tuzağa düşecek çok uygun bir avdım.

İki kardeş arasında kalmış, anne ve baba ilgisi görmemiş, üstü başına özenilmediği için kendini hep eksik hissetmiş çok isabetli bir avdım hem de.

Ailem beni duygusal ve fiziksel olarak sürekli istismar etmemiş olsaydı, ben bu teşhirciliğe müsaade eder miydim? Babam beni sevmiş olsaydı, bu boşluğu başka bir adamın art niyetli dokunuşlarına sessiz kalarak doldurmaya çalışır mıydım? Ailem temel ihtiyaçlarımın sevgi, saygı, ilgi, barınma, beslenme ve giyinme olduğunu bilip bu şuurla hareket etseydi, bana yapılan vaatleri kaybetmemek için bana yapılmak istenene sessiz kalır mıydım? Çocukluk ve ergenlik ihtiyaçlarımı zamanında ve kararında karşılasalardı ben ceplerinden para çalarak, para ile güç kazanılabileceğini düşünür müydüm?

Elbette küçük çaplı hatalarım olurdu ama bu yaşadıklarım asla olmazdı. Midedeki açlık bir kuru ekmekle geçiyor ama duygusal anlamda aç kalan çocuk doyuma nasıl ulaşabileceğini bilemiyor. Ortanca kardeş olmak, sessiz bir çocuk olduğum için her şeyin benden beklenmesi benim tercihim değildi. Tercih etme şansım olsaydı başımı bir kere bile olsa okşayan bir baba, kardeşler arasında dengeli davranan bir anne, çocuklarının gelişim özelliklerini okuyup öğrenen ve ona göre muamele eden bir aile seçerdim kendime…

PINAR…

***

Pınar için ergenlik döneminde temel ihtiyaçlar değişti. Küçük bir çocuk anne ve babasının ilgisiyle mutlu olurken bu ergenlik döneminde yön değiştirir. Aile ilgisi değil, çevre ilgisi önemli olmaya başlar. Çevresindeki diğer insanlar tarafından beğenilmek, hem cinslerinin yanında popüler olmak ister. Ergen birinin sürekli başkalarına özenmesine fırsat vermeden imkanlar dahilinde istekleri karşılanmalıdır. Çünkü artık çocuk değil; beğenilme arzusuyla yanıp tutuşan bir ergen! Tabii abartmadan! Eğer imkanlarınız çok fazla ise ve her şeyi önüne sunarsanız burada da sıkıntılar başlar. Doyumsuzluk söz konusu olur. Her şeyi elde etme içgüdüsüyle hareket ederek merak ettiği ne varsa denemeye çalışabilir.

Böyle her istediği anında alınan bir arkadaşım vardı. İstediği her şey daha o dillendirmeden olurdu. Şımarık bir çocuktu sonra da ergen oldu. Her şeyden çok çabuk sıkıldı.

Zamanla hiçbir şey onu tatmin etmemeye başladı. Hep daha fazlasını ve farklısını istedi. Ailesini de kendisini de çok üzdü. Hala bencil ve mutsuz bir insandır. Asla sahip olduklarına şükretmeyi bilemedi ve hep kendinde olmayanları elde etmek için büyük hırslar yaşadı. Elindekilerle mutlu olmayı değil de sahip olamadıkları için mutsuz olmayı tercih etti. Kötü bir evlilik ve meslek hayatı yaşadı. Şu an da psikolojik tedavi görüyor. Bir söz vardır: Az verip aratma, çok verip azdırma, diye... Her şey kararında güzeldir.

"YAZ KIZIM YAZ"

Yaz kızım, yaz; beni de yaz! Ben Suzan teyzen. Duydum ki çocuk istismarına farkındalık uyandırmak için kitap yazacakmışsın, benim hikâyemi de yaz.

Ben evlendirildiğimde daha 12 yaşımı bile doldurmamıştım. Sokakta oyun oynarken benden yaşça büyük teyzeler beni aldılar, kuaföre götürdüler. Saçım yapılırken bir mutluyum ki sorma! İlk defa kuaför görmüşüm. Mahallede durumu iyi olan ailelerin çocukları düğün zamanlarında saçlarını yaptırır, bir de saçlarına sim döktürürlerdi. Nasıl özenirdim, anlatamam. Kendimi o gün o kuaförde prenses gibi hissetmem bu yüzden. Ne bileyim, ben aslında külkedisiymişim. Gece 12'den sonra at arabası bal kabağına dönüşüp her şey gerçeği ile vücut bulunca kâbus benim için başlamış oldu.

Üstüme bir de gelinlik giydirdiler. Saçlarım yapılmış, dudağım boyanmış ve ellerime kına yakılmış... Her şey rüya gibi benim için. O ara aklım başıma geldi. Yanımdakilere "İyi de beni niye bu kadar süslüyorlar ki? Kimin düğünü var?" diye sorduğumda atılan kahkahaları, gerdek odasına girince acı acı anladım maalesef.

Amcan 23 yaşında, ben 12! Ne göğüslerim çıkmıştı ne de adet olmuştum. Hiçbir kadınlık belirtim yoktu ki bir erkeğe kadınlık yapayım. Gerdeğe girdiğimiz gece amcana "Abi beni buraya neden getirdiniz?" diye sordum. "Yaşı 15," demiş babam. Bir traktör, üç ton buğday, on dönüm tarla için satılmışım, haberim yok.

Gerdek gecesinde gördük birbirimizi. Amcan vicdanlı adamdı. Tuttu kolumdan kayınvalidemin yanına götürdü. "Ana bu daha çocuk. Ben buna dokunamam," dedi.

İki yıl kayınvalidem koynunda yatırdı beni. Anamın bana yapmadığı analığı kayınvalidem yaptı. Kapının önüne oyun oynamaya çıkardım. Kayınvalidem beni hemen bahçeye sokar, "Burada oyna, kimse görmesin," derdi. Rahmetli kayınvalidem çocuğu gibi iki sene büyüttü beni. Sahip çıktı. 14 yaşındayken ilk adetimi oldum, artık göğüslerim de çıktığına göre kadın olabilirdim. Evliydim neticede. Amcana da içim ısınmıştı ama yine de çok korktum, hala çocuktum.

Evcilik oynarken birden kadın oldum, o evin gelini oldum. Çocuk yaşta bir çocuğun anası oldum!

Evde var en az on beş kişi. Ellerim çamurlu iken birden hamurlu oldu. Neredeyse her sabah kalkar, hamur yoğururduk. O zamanlar herkesin odası bir bahçe içindeydi. İki bekâr görümcem, bir eltim ve onun dört çocuğu, kayınpederim, kayınpederimin ana ve babası, bir de kayınvalidemin engelli kardeşi. Hepimiz bir bahçe içinde kalırdık. Akşama kadar büyük salonda herkes oturur, yer, içer; gece olunca da herkes odasına çekilirdi. Yıllarca hizmet ettim.

Kadın olduğum gün, hayatımda her şey bir anda değişti. Çocuk Suzan değildim artık. Aile büyükleri saçımı okşamıyor, herkes benden hizmet bekliyordu. Oysa ben sokakta çocuk seslerini duydukça kendimi dışarı atmak istiyordum. Benim bu evde ne işim vardı? Ruhumda bir çift kanat durmadan "Uç, bu evden kaç," diyordu.

Evlendirildiğimde okula gidiyordum. Ortaokul ikinci sınıfa geçtiğim yaz evlendirildim. Oysa çok başarılı ve okumaya çok hevesli bir çocuktum. Yazları köyde kalırdık, kışları da ilçede.

Babam fakir bir adam değildi. Neden beni sattı, diye yıllarca içim içimi yedi. Tabii soramadım. Hep nefret et-

tim babamdan. Ben evlendikten on sene sonra beni sattığı o traktörün altında kalarak can verdi. İçim hiç sızlamadı. Çünkü on yıldır içimde sönmek bilmeyen bir alev vardı zaten. Koca on yıl, o bahçeden burnumu bile dışarı çıkaramadım. Babam bir kere bile halin nedir, diye sormadı.

15 yaşında anne oldum. Memelerim doğru düzgün büyümemişti bile. Çok çabaladım ama sütüm gelmedi. Daha kırkı çıkmadan yavrumu ateşli bir hastalık yüzünden kaybettim. Yedi sene bir daha çocuğum olmadı. Başta kendi ailem olmak üzere herkes beni kısır ilan etti.

Babam bir gün kapımızın önüne geldi. Heyecanla kapıya çıktım. Babam beni görmeye gelmiş diye çok sevindim. Yüzüme bakmadan: "Kocan evde yok mu?" diye sordu. İnsan hiç yavrusunu özlemez mi? Bir kere sarılmak, kokusunu duymak istemez mi? Hadi utandın bunları yapamadın, gözlerinin içine de mi bakmaz? Bakmıyor işte! Bir kalpte bir vicdan yoksa hiçbiri olamıyor maalesef.

Eşime seslendim. Amcan çıktı hemen, babamın elini öptü. "Buyur baba," diye içeri davet etti ama babam kapıda özel konuşmak istediğini söyledi. Onlar kapının önüne çıktı. Ben de hemen kapının arkasına geçip onları dinlemeye başladım. Duyduklarım hem kalbime hem beynime bir bıçak gibi saplandı.

"Bak oğlum, duydum ki benim kız kısırmış, sana döl veremiyormuş. Bu kız hasarlı çıktı. Bunun böyle olduğunu bilemezdim. Ama eğer sen istersen evdeki bacısını da alıp götürebilirsin. O sana boy boy çocuklar verir."

Dizlerimin bağı çözüldü. Olduğum yere yığıldım, kaldım. Benim çocukluğumu ellerimden alan adam, şimdi kardeşimin genç kızlığını, gelin olup baba evinden salına salına çıkma hayallerini çalacaktı. Kalbim ağzımda kocamın dilinden dökülecek kelimeleri bekliyordum.

"Baba, senin ağzından çıkanı kulağın duyar mı hiç? Elmas, karımın kardeşi, benim de kardeşim sayılır. Ne sen bunları söylemiş ol ne de ben duymuş olayım. Bir daha da böyle bir konu için benim kapıma gelme. Suzan bana döl vermese de benim karımdır. Ve ben karımı çok seviyorum."

Gözyaşlarım birden sevince döndü. Amcanın ilk defa beni sevdiğini söylediğini duydum. Amcan sessiz, biraz da soğuk bir adamdı ama bana hiç eziyeti olmadı. Kapıdan içeri girince hemen ayaklarına sarıldım ve ağlamaya başladım. Sanki bana hakkım olanı değil de bir lütuf sunmuştu. O zaman cahil aklımla böyle düşünüyordum. Neticede ben kısırdım ve onun benim üstüme kuma getirme hakkı vardı. Buna inandırılmıştım.

Amcan beni ayağa kaldırdı. Alnımdan öptü. "Kız ben seni karım ol diye iki sene bekledim, hiç başkalarına değiştirir miyim? Hadi sil gözyaşını, kocan bile olsa kimsenin önünde eğilme, ayağına kapanma," dedi.

Ailemden yana çok şanssızdım ama kocamdan yana yüzüm gülmüştü. Amcan lise bitirmişti. O ara iki yıl da üniversite okudu. Sonra memur olarak atandı. Ben yıllar sonra yeniden çocuk sahibi oldum ama bir daha çocuğum olmadı. Erken yaşta doğum yaptığım için rahmim zarar görmüştü. 30 yaşında da oluşan bir tümör yüzünden rahmimi tamamen aldılar. O ara kayınvalidemi ve kayınpederimi kaybettim. Ayrı bir eve çıktık. Amcan çok destek oldu bana. Otuz yaşından sonra eğitim hayatıma devam etmem için bana destek verdi. Dışarıdan ortaokul ve liseyi bitirdim. Sonra da ebe oldum. Şimdi de yirmi yıldır ebe olarak çalışıyorum.

Ben anlatıyorum, sen de mutlaka kitabına yaz kızım. "Çocuğum istismar edilsin," diye düğün alayı kuranları yaz. Buna alkış tutanları yaz. Sessiz kalanları yaz. Çocuklar tecavüze uğrarken başını bekleyenleri yaz. 12 yaşındaki bir çocuğun rızası olur mu? Amcan bana o gece sahip olsaydı bu tecavüz olmayacak mıydı? Kapının önünde çarşaf bekleyenler de bu tecavüzün bekçileri... 14 yaşında kadın olduğumda ben hala çocuktum. Göğüslerim belki büyü-

müştü ama ruhum hala küçüktü. Göğüsleri bile çıkmayan çocukların kendi çocuklarını nasıl emzirdiklerini(!) yaz. Bunlara neden sessiz kalındığını, annelerin neden uyanık olması gerektiğini yaz. Ben anneme-babama asla hakkımı helal etmiyorum. Neden hakkımı helal etmediğimi yaz...

SUZAN...

"GERÇEKTEN ÖLDÜRÜR DİYE KORKTUM"

Annem, Ankara'nın bir köyünde varlıklı bir ailede dünyaya gelmiş. Dört erkek çocuğundan sonra annem dünyaya gelince anneannem, ev ve tarla işlerine koşacak bir yardımcım oldu, diye çok sevinmiş. Ama annem üç yaşında geçirmiş olduğu ateşli bir hastalıktan dolayı hafif düzeyde zihinsel engelli kalmış. Dedem ve anneannem, annemin durumunu fark etmiş ama "köylük yer, duyulur; çocuğunun adı deliye çıkar, alan kimse olmaz," diye hep bunun üstünü kapatmaya çalışmış.

Doğru düzgün insan içine çıkarmadan sürekli ev işine koşturup durmuşlar. Annem, Allah'a şükür, her işini ya-

pabiliyor. Okuması yazması yok. İçine kapanık, sessiz biri. 15 yaşlarına geldiği zaman babamla evlendirilmiş. Babamın bir kulağı duymuyor, tek ayağı da aksıyor. Annem saf, babam da sakat olduğu için aileler akıllarınca ikisini birbirine uygun görmüşler. O zamanlar sakat adama kim kız verir?

Sonra dünyaya biz gelmişiz. Önce abim sonra ben. Abim de maalesef hafif düzeyde zihinsel engelli. Halk arasında böyle insanlar önceden deli diye adlandırılırmış. Annemi, ben 10 yaşındayken trafik kazasında kaybettik. Bir süre akrabalarımız bize bakmaya geldi. Teyzem, halam… Tabii o arada ev işlerini öğrendim.

Babam beni okuldan aldı. Almak zorunda kaldı. Kızmıyorum ona. Aslında beni okutmayı çok istemişti. Ama onun çalışmaya ihtiyacı vardı. Abim evde yalnız kaldığı zaman sürekli komşuların eşyalarına zarar vermeye başlıyor, evden kaçıyordu. Mecburen beni abimin başına bekçi olarak bıraktı. Kendisi de çalışmaya gitti.

O sıralarda evimize sıkça amcamın oğlu gelip gitmeye başladı. İlk başlarda bana yardımcı olduğu için mutlu oluyordum. Çünkü bazen abimle uğraşmak gerçekten zor oluyordu. Amcamın oğlu bizden yaşça çok büyüktü. Evli ve iki çocuk babasıydı. Bir gün geldi, yine abimi dışarı çıkardı. Eve döndüklerinde abim yanında yoktu. Amcamın abimi eve götürdüğünü ve beni de eve götürmek için almaya geldiğini söyledi. Üzerimde pijamalarım vardı. "Giyinip hemen geliyorum," diyerek abimle yattığımız odaya geçtim. Tam üstümü çıkarmıştım ki o şahıs içeri girdi. Birden üzerime saldırdı. Elleriyle ağzımı kapattı ve bana...

Sesimi hiç çıkaramadım, direnemedim. 13 yaşındaki küçük bedenim benden 15 yaş büyük bir bedene karşılık veremedi. Sonra bana tehditler savurarak "Bunu babana anlatırsan seni ve abini öldürürüm," dedi.

Gerçekten öldürür sandım. Beni değil de abimi öldürmesinden korktum. Babamı düşündüm. Bize bir şey olursa dayanamazdı. Annem saftı ama babam annemi çok severdi. Günlerce arkasından yas tuttu. Kimseyle evlenmeyi düşünmedi. Biz de gidersek ne yapar, diye korktum. Yapayalnız kalırdı. Söylersem o şahsı öldürebilirdi belki. O zaman biz babasız kalırdık. Yani korkudan sustum. Bana yapılan şeyin ne olduğunu çok iyi biliyordum. Teyzem hep anlatırdı bana. Adet olacağımı, nasıl bez koymam gerektiğini... Bana dokunmak isteyen biri olursa ondan uzak durmamı ve mutlaka gidip ona söylememi anlatırdı. Ama gidip teyzeme de söyleyemedim. Dedim ya korktum. Duyulursa olacaklardan korktum.

Kendimi çamura bulanmış gibi hissediyordum. Hemen güğümde su kaynattım. Ben asla sıcak suyla yıkanamam. Rahmetli annem bilemezdi suyun ayarını, bizi hep soğuk sularla yıkardı. Alışmıştım ben de. Su azıcık sıcak olacak olsa hemen leğenin içinden kaçardım. O zaman kış günleri soba yanında leğende yıkanırdık.

Şimdi üstüme döktüğüm o su, bütün bedenimi yakıyordu da ruhuma işlemiyordu. Döktüğüm kaynar sular bedenime değdikçe buz oluyordu. Yıkanıyordum ama bir türlü arınamıyordum. Kaç defa sabunladım kendimi bilmiyorum. Kaç saat kaldım o banyoda, bilmiyorum. Kapının sesiyle kendime geldim. Babamın sesini duydum. Hemen banyodan çıktım. Babam kapıyı tıkladı ve içeri girdi. "Mis kokulu kızım banyo mu yaptın?" dedi.

"Mis kokmuyorum baba ben artık pis kokuyorum," diye haykırmamak için kendimi zor tuttum. Babam yüzüme bakınca şoka girdi.

"Ne oldu yüzüne?" diye sorunca çok korktum. Acaba anlamış mıydı? Yüzüme ne olmuştu ki? Aynaya baktığımda yüzüm sanki yanmış gibiydi. Sadece yüzüm mü? Neredeyse bütün vücudum yanık içindeydi. Kaynar suyla kendimi o kadar ovalayarak yıkamışım ki her yerimde yanıklar oluşmuştu. Ama inanın acı yoktu. Hiçbir yerim acımıyordu. Yüreğimin acısı bedenimin acısından daha büyüktü.

Babama "Bilmiyorum," dedim. Abim amcamlarda ben biraz yatacağım diyerek sessizce yatağa girdim. Babam anladı bir şeylerin yolunda gitmediğini ama "Ne oldu?" diye sormadı. Sorsaydı anlatır mıydım acaba? "Kendimi kirlenmiş hissediyorum," der miydim bilmiyorum ama keşke sorsaydı.

O günden sonra sürekli ellerimi yıkamaya başladım. Nerdeyse her beş dakikada bir ellerimi yıkıyordum. Kaynar sularla saatlerce banyo yapıyordum. Her gün durmadan evi temizlemeye başladım. Babama yıkanması için sürekli yalvarıyordum. Abimi sürekli yıkıyordum. Şu an 50 yaşında ve temizlik hastasıyım. İki yıl önce tedaviye başladığımda sadece psikoloğuma yaşadığım travmayı anlatabildim. Koca 37 yıl boyunca sürekli kendimi yıkayarak bu pislikten kurtulmaya çalıştım. Ama arınamadım işte.

"Keşke," diyorum. "Babam sorsaydı."

"Neyin var? Neden böyle değiştin? Neden sürekli her şeyi temizlemeye çalışıyorsun?" Bende fark ettiği değişiklikten sonra kolumdan tutup bir doktora götürseydi. Keşke sorgulasaydı. Bir kızın bekâreti cinayet sebebi olacak kadar beni korkutmasaydı. Bakire değilsen sen hiçsin, algısı bize aşılanmasaydı...

Şimdi düşünüyorum da bekaretimi kaybettiğim için mi babam o adamı öldürecekti; yoksa biri bana zorla dokunduğu için mi? Bekaretim bozulmamış olsaydı, babam yine de öldürür müydü? Mesele bu kadar büyüyebilir miydi? Ben bu kadar korkar mıydım? Tek sorun birkaç kan damlası mı, yoksa birilerinin beni üzmüş olması mı? Bunun tek çözümünün cinayet olmayacağını, yasal yollarla hakkımı arayıp herkesin adalet önünde cezasını çekeceğini bilseydim, ben bu olaya sessiz kalmazdım. Babam o adamı öldürmeyecek, başı belaya girmeyecek, benim arkamda ve yanımda olacak bilirdim. İnsan, bazen sevdikleri zarar görmesin diye en büyük zararı kendine veriyor.

Sürekli namus diye kızlık zarını hedef gösteriyorlar. "Namusumuza zarar getirecek kişiyi yaşatmayız," diye diye kaç tane genç kız sustu, sessiz kaldı, konuşamadı, boyun eğdi. Gerdek gecesi bekâretimizi koruyarak o odaya giremezsek dünyanın sonunun bizim için geldiğine inandırıldık.

Kızların namusunu korurken birçok baba, erkek çocuklarına da başka kızların namuslarına göz dikmeyi öğretti. Bunun da erkekliğin bir ispatı olduğunu söyledi. Babam öyle biri değildi ama amcam tam da böyle bir adamdı. Bu olay duyulmuş olsaydı üstü kapatılır, suçlu olarak beni ilan ederdi. Amcamın oğlu bile olsa eve erkek almış ya da onun oğluna iftira atmış olurdum. Asla onların çocukları böyle şeyler yapmazdı çünkü.

Babam bendeki bu değişikliğe sustu. Belki nasıl davranması gerektiğini bilemediğinden belki de duyacaklarından. Sen susmasaydın ben konuşurdum baba. Bu olay bir kere yaşandı. Bir daha bana hiç yanaşmadı, evimize gelmedi. Yaşanacaklardan korkmasaydım, o şahıs mutlaka cezasını çekerdi. Ama bedel ödeyen maalesef ben oldum. Her şeyi bir pislik ve mikrop olarak görüyorum. Kimsenin evine gitmiyorum, gidemiyorum. Sürekli bir yerlerden bana pislik bulaşacak gibi hissediyorum.

Şimdi Avusturya'da yaşıyorum. Evlenip buraya yerleştim. Eşim dâhil kimse bilmiyor. Yıllarca bunu kimseye anlatmadığım için hastalığım çok direnç kazanmış. Ama şu an birilerinin benim hikâyemi okuyacağını biliyor olmam bile üzerimden büyük bir yükü kaldırdı. Artık daha rahat hissediyorum kendimi.

TÜLAY...

***

Çocuklar yaşadığı travmayı mutlaka belli ederler. Tırnak yer, içine kapanır, hırçınlaşır, altını ıslatır... Ya da Tülay gibi ruhunda oluşan kirli izleri etrafında olan her şeyi temizlemeye çalışarak arındırmaya çalışır. Çocuklarınızda o ana kadar görmediğiniz istenmeyen, olumsuz bir davranışı görmeye başladığınız an, mutlaka sebebini araştırın. Bu, tabii ki her zaman istismar değildir. Ama onu rahatsız eden bir durum mutlaka vardır. Korktuğu, söylemeye çekindiği, anlatamadığı... Siz ne kadar uyanık olursanız çocuğunuzu o kadar korumuş olursunuz.

Tülay'ın babası, Tülay'daki değişikliklerin sebebini biraz sorgulasaydı ve Tülay bekaretinin bozulmasının cinayet sebebi olacağına inanmasaydı belki başından geçenleri babasına anlatacaktı. Ruhunu kirleten o eller gerekli cezayı alınca ve Tülay psikolojik destek görünce, hayatını şu an ona zindan eden bu temizlik hastalığı ile yıllarca boğuşmak zorunda kalmayacaktı.

Birçok genç kızımız ve oğlumuz başına gelen kötü olayları ailesini korumak adına kimseye anlatmıyor. Bu sadece tecavüz değil, kötü alışkanlıklar, duygusal istismar, fiziksel istismar, aklınıza ne geliyorsa... Biri, çocuğumuzun kılına zarar verecek olsa, anne ve baba olarak tabii ki çok öfkeleniriz.

AMA BU ÖFKE ÇOCUĞUMUZU KORUMUYOR MALESEF.

Onun bizi korumak adına sessiz kalmasına sebep oluyor. Çocuklarımızın yanında biri sana zarar verirse ben de onu döverim, öldürürüm gibi söylemlerde bulunmak, insanlar ile olan ilişkilerimizde kavgacı ve sert bir tutum sergilemek ya da annelerin "Aman baban duymasın, hepimizi öldürür," diye çocuklarını susturması, çocuğumuzun maalesef istismar karşısında sessiz kalma sebebi oluyor. Çocuğunuz sizi korumak adına kendini koruyamıyor. Size zarar gelecek diye kendine zarar gelmesine müsaade ediyor. Bunu bilen insanlar da çocuğunuzu daha fazla istismar ediyor. Ev içerisindeki veya diğer insanlarla olan sorunlarını konuşarak halleden bir ailenin çocuğu, hakkının yasal yollarla aranacağını bildiği için sizinle her şeyi rahatlıkla konuşabilir. Hakkını nasıl arayacağını bilir. Kendine yapılanlara yıllarca seyirci kalmak zorunda olmaz.

Siz sevgili anne ve babalar, çocuk söz konusu ise uykuda bile uyanık kalmak zorundasınız. Bir ihmal, gözden kaçan bir davranış çocuğunuzun hayatını karanlık bir kuyuda geçirmesine sebep olabilir. Sevgi ve saygı olduğu müddetçe çocuklarımızı kötülüklerden koruyabiliriz.

"AİLEMİ SEÇME İMKÂNIM OLSAYDI"

Bizim çocukluğumuzda annelerin kızlarını karşılarına alıp "Bak sen adet olacaksın, göğüslerin büyüyecek, tüylenmelerin olacak," diye konuşma ihtiyacı duymazdı. Belki de bu konular hakkında konuşma ihtiyacı duymayan benim ailemdi. Hoş! Etrafımda gördüğüm ailelerin, benim ailemden çok da bir farkı yoktu.

Ailelerin çocukları ile ilgilenmeleri çok önemliymiş. Belli dönemlerde bedenlerinde oluşacak farklılıklar hakkında çocuklarına bilgi vermeleri, karşılaşacakları sıkıntıları çözmeleri açısından ne kadar da kıymetliymiş. Ben ailesi tarafından ihmal edildiği için akran zorbalığına maruz kalmış ve istismar edilmiş biriyim. Çocuklar sadece cinsel istismara uğramazlar. Duygusal ve fiziksel olarak da ihmal sonucu istismar edilirler.

9 yaşında tüylenmeye başladım. Koltuk altlarımda, özel bölgemde, bacaklarımda tüylenmeler oldu. Annem beni banyoda yıkarken: "Ne çabuk çıktı bu tüyler, aynı halana çekmişsin, çekmez olasıca!" diye söylenir dururdu. Kendimi kabahatli gibi hissederdim. Tüylenmek ve halaya benzemek çok büyük bir eksiklik gibi düşünürdüm. Bu tüylerle bundan sonra yaşamak zorunda olduğuma inanırdım. Çünkü annem bunların alınabileceğini bana hiç anlatmadı.

10 yaşımda iyice tüylendim. 10 yaşındaki bir çocuğa göre epeyce tüyüm, hatta tüy değil kıllarım vardı. İlgili bir anne çocuğunu doktora götürür. Neden bu kadar erken tüylendiğini, bir sorun olup olmadığını araştırırdı. Vücudunda oluşan bu değişiklikten dolayı yakında adet olacağını anlar. Adet kanamasının ne olduğunu ve ne yapması gerektiğini anlatır. Okula giderken yanına bir ped ya da gazlı beze sarılmış pamuk koyardı. 10 yaşındaki bir çocuk zaten kendi tüyünü temizleyemez. İlgili bir anne çocuğunun tüylerini temizlemesine yardımcı olur ya da kendisi beceremiyorsa en kötü alır bir kuaföre götürür. Annem, işte bu kadar ilgisiz bir kadındı.

Bir gün babam, koltuk altımdaki tüyleri fark etti. "Ne o, erkek çocuğu gibi koltuk altındaki kıllar?" diye dalga geçti. Annem de bunu duydu ve birlikte kahkahalar içinde güldüler. O kadar çok utanmıştım ki! O an tüyümden de ailemden de nefret etmiştim. Ama annem yine de o tüyleri nasıl temizleyeceğimi bana anlatmadı. Babası dalga geçti, başkaları da geçer, diye düşünmedi. Ya babam! Hadi annem cahil bir kadın, sen söyleseydin. "Bu kızın hali ne, insan içine çıkıyor, başkaları da görür, çocuk utanır," deseydin. Kız çocukları ile ilgilenmek illa annenin görevi midir? Babam, annemi en azından yönlendirseydi. Ama benim ailem bu kadardı işte. Kendi kızının özel durumlarıyla dalga geçen bir aile...

Yaz gününde bile uzun kollu kıyafetlerle dışarı çıkardım. Bir komşu teyze fark etti. Galiba sürekli uzun kollu kıyafetlerle çıktığım için anneme sormuş o da söylemiş. Sultan Teyze yanıma geldi. Beni utandırmadan arkadaşlarımın yanından çağırarak "Akşam yemeğe bize gel, annenden izin aldım," dedi. Annemin yapması gereken vazifeyi Sultan Teyze yaptı.

Sultan Teyze'nin iki oğlu vardı, ikisi de evliydi. Eşini de yıllar önce kaybetmiş, yalnız yaşıyordu. Bana su, şeker ve limondan ağda yaptı. Koltuk altlarımı temizledi. Çok utanıyordum ama bir yandan da mutlu oluyordum. Kalan ağdayı bir kaba koydu ve evde özel bölgemi bununla temizleyebileceğimi söyledi. Tabi 10 yaşında bir çocuk ne kadar yapabilir ki? Bir daha hiç çıkmayacak düşüncesi ile bir süre mutlu gezerken onların yeniden çıktığını görmek büyük hayal kırıklığı oldu. Tabii o arada memelerim de büyümeye başladı. Arkadaşlarım hep dalga geçerdi benimle "Zeynep memelerine tas (küçük çorba kasesi) koyarak, kendine meme yapmış," diye.

Tüylerim, memelerim... Hepsi benim için baş belasıydı. Yaşıtlarımın yoktu ama benim vardı. Annemin yazmalarını alır, uzun şerit olacak şekilde katlar, memelerimin üstünden sıkıca bağlardım. Bu sefer de arkamda top şeklinde bir düğüm olurdu. Arkadaşlarım yine dalga geçerdi. "Zeynep tasları düşmesin diye bağlamış," derlerdi.

"Keşke onlar tas olsa da alıp kafanıza geçirsem," diye düşünürdüm.

Daha bitmedi tabii çilem. 11 yaşında da adet oldum. Hiç unutmuyorum. Çıkış zili çalmasına iki ders kala karnım ağrımaya başladı. Teneffüs arasında tuvalete gittim. İç çamaşırım baya kahverengi leke olmuş. Bir anda bayılacakmış gibi oldum. Hem kıllıydım hem memelerim vardı şimdi bir de özel bölgemden kahverengi bir leke gelmişti. Ne bitmez çilem varmış.

Hıçkıra hıçkıra ağlamaya başladım. Tuvalete, aynı mahallede oturduğumuz benden iki yaş büyük çocukluk arkadaşım Emine geldi. Ne olduğunu sordu.

"Çamaşırımda kahverengi leke var," dedim.

"Buna mı ağlıyorsun Zeynep, adet olmuşsun sen," dedi. Adet ne demekti, ilk defa duymuştum.

"Hadi gel rehber öğretmenin yanına gidelim." dedi.

"Olmaz," diye atıldım. "O bir erkek, özel bölgemden kahverengi bir şey geliyor diye nasıl derim?" Emine yine güldü bana. Ama bir abla sevecenliği ile.

"Kız sen saf mısın? Okuldaki rehber öğretmenler bunun içindir. Bizim sorunlarımızı çözmek için varlar."

O an içimden geçirdim:

"Acaba benim şu kıl ve meme sorunumu da rehber öğretmen çözebilir mi?" Hepsi üstüme yapışmış bir ağırlık gibiydi! Şimdi bir de adı adet olan bu şey... Acaba rehber öğretmen bana ilaç mı verecekti? O ilaç verince bu adet denilen şey duracak mıydı? Niye gelmişti ki? Bir hastalık mıydı? Offf, kafamda bir sürü soru, utanç içinde rehber öğretmenin yanına gittik! Kapıya vardığımızda Emine'ye sordum:

"Öğretmen şimdi bana ilaç mı verecek?"

"Yok kız ne ilacı. Ped isteyeceğiz. Sen önüne koyacaksın işte. Dışarıya çıkmasın diye." Bir travma daha. Bu şey bir de dışarı mı çıkıyor?

"Eeee, hep gelecek mi bu hiç durmayacak mı şimdi?" Emine yine güldü bana. Son zamanlarda herkes güler olmuştu halime. Alışmıştım galiba ya da Emine iyi niyetliydi, o yüzden rahatsız olmuyordum.

"Kız sen de amma safmışsın. Anan anlatmadı mı hiç?" O an içime bir öküz oturdu derler ya işte öyle oldum. Sahi annem niye anlatmamıştı bana bunları? Ben neden böyle korku üstüne korku yaşıyordum? Neden annemden çekiniyor, bunları aileme soramıyordum? Sonra aklıma yaşadığımız bir olay geldi. Tahmini 8 yaşlarındayım. Bir yerlerden bakire kelimesini öğrenmişim. Dayımın kızı, ben, annem, yengem oturuyoruz. Dayımın kızı benden 7 yaş büyük. Beni önüne oturttu saçlarımı örüyor. Birden aklıma bakire kelimesi geldi.

"Fatma abla biliyor musun, ben bakireyim, sen de bakire misin?" deyiverdim. Annem bir hışımla yerinden kalktı ve beni pataklamaya başladı.

"Seni terbiyesiz, nereden öğrendin bunları, bir daha duyayım seni babana söylerim." Ben neye uğradığımı an-

layamadım. Ne demiştim ki? O yaşlarda bir çocuk ne bilsin, bakire ne demek. Öğrenmiş, duymuşum bir yerden. Annemin terbiye anlayışı ya dövmek ya da o konu hakkında hiç konuşmamaktı. O gün dövmeyi tercih etmişti. Meğerse ben o günden sonra ailemle olan bağlarımı koparmışım. Ailem beni anlamadıkça, bana olması gerekenleri anlatmadıkça, ben başka çocuklara dalga malzemesi oldukça ailemden daha da uzaklaşmışım.

Keşke o an beni o ortamdan çıkartıp bu kelimeyi kullanmanın uygun olmadığını, anlamının insanlara rahatsızlık vereceğini, yaşım gereği bu kelimenin ne anlama geldiğini bana tam olarak anlatamadığını, vakti gelince bu konu hakkında bir daha konuşacağımızı söyleseydi. Sonra ellerini suratıma attığı tokatlar için değil, başımı okşamak için kullansaydı. Ben o ellerin suratımda bıraktığı acıyı değil, saçlarımı okşarken ruhumda oluşturduğu merhameti hatırlardım. Beni karşısına alıp konuştuğu için bir daha anlamını bilmediğim her kelimeyi anneme sorardım. Kimselere ihtiyaç duymazdım. "Benim yanımda, önümde, arkamda annem var," derdim.

Öylece kalakaldım rehber öğretmenin kapısında. Bir anda kapı açıldı ve öğretmen dışarı çıktı. Emine hemen atıldı:

"Şey hocam, arkadaş hasta oldu da."

"Öyle mi geçmiş olsun. Neren ağrıyor?" demez mi! Ruhum ağrıyor ruhum, diye çığlık atmak istedim. Kimse beni anlamıyordu.

"Bir yerim ağrımıyor hocam," deyip Emine'yi de kolundan tuttum ve oradan uzaklaştık. Zaten utanç ve kaygı içindeydim. Bir de öğretmenin benim durumumu anlamaması beni daha da utandırdı. Emine kızdı bana ama o an umurumda bile olmadı. Koşarak sınıfıma gittim. Son dersti zaten. Hem öğretmenimiz bayandı. Belki ona söyleyebilirdim. Bir umut oturdum yerime öğretmen gelsin diye bekliyorum. Sınıfta da inanılmaz bir kargaşa var. Kimi masanın üstünde, kimi boğuşuyor. Kimi kitap fırlatıyor, kimi de koşturuyor. Öğretmen sınıfa girip bu manzarayı görünce çok sinirlendi. Ben tabii gözüm kapıda onu bekliyorum ya heyecanla parmak kaldırdım. "İndir o parmağı," diye bana bağırmaz mı? Allah'ım sanki bütün okul özel bölgemden kan geldiğini anlamış gibi utandım. Öğretmen biraz sakinleşince sordu bana "Sen ne diyecektin?" diye. Zaten bir cesaret zorla kaldırmışım parmağımı, şimdi o zılgıtın üstüne nasıl söylerim?

"Unuttum hocam," dedim. Ama hiç kızmıyorum öğretmenime. Beni annem bile hiç dinlemezken o, siniri ge-

çince beni yeniden hatırladı. Bu bile benim için ne kadar kıymetliydi. Yeniden hatırlanmak, unutulmamak.

Neyse ders sonuna kadar öylece oturdum. Zil çalınca sınıftan çıkmak için bütün sınıfın çıkmasını bekledim. Hemen eteğimi kontrol ettim. Tabii eteğimin arkasında küçük çaplı bir harita oluşmuştu. Yeniden ağlamaya başladım. Eve nasıl gidecektim. Anneme ne diyecektim. Ya bana inanmazsa ya beni döverse. Tam o sırada sınıfa Emine girdi.

"Kalk kız, ne ağlıyorsun!" dedi. Gözyaşlarımdan anlamıştı kaygımı. "Eteğin mi battı?" dedi. Kafamı sallayabildim sadece. Al bunu, beline bağlarsın diyerek bana hırkasını verdi. O an ne kadar mutlu oldum, anlatamam. Sanki eteğimdeki leke benim çok büyük ayıbımdı ve bu hırka benim ayıbımı kapatacaktı.

Neyse o psikoloji ile eve geldim. Babam kapıda beni bekliyor. Hemen elime bir poşet ve para sıkıştırdı. "Ekmek al da gel," demez mi. Donakaldım. Kapıda ne diyeceğimi bilemedim. Bir kız çocuğu bile olsa bunu babası ile paylaşması gerekmez mi acaba diye düşündüm. O benim babamdı. Derdimi ona değil de kime anlatacaktım? Ama maalesef o yakınlığı babamdan da görememiştim. Sanki ailemle aramda aşılmaz engeller, koca koca duvarlar vardı. Elimi uzatsam tutacağım kadar yakın ama yüreğimi açsam göremeyecekleri kadar da uzaklar. Analı babalı olup da anasız babasız olmak böyle bir şey galiba. Bir şekilde kurtuldum babamdan, yukarı çıktım. Anneme korkudan söyleyemiyorum ama başka çarem de yok. Bir cesaret "Anne ben adet oldum," dedim.

"Sen ne biliyorsun kız bu yaşta adeti?" demez mi.

"Hep o sürtük arkadaşların öğretiyor sana." Ne diyeceğimi bilemedim. Donakaldım. O an kendime karşı büyük bir nefret duyduğumu hatırlıyorum.

"Aç, külotuna bakacağım," dedi. Genç kız olmak üzere olan birine bunu söylemek nasıl kötü bir şey, şu an daha iyi anlıyorum. Baktı. "Tamam, adet olmuşsun sen," dedi ve bir bez verdi. "Bunu önüne koy," dedi. Bezi aldım, çamaşırımın içine koydum. Sonra da ekmek almaya gittim, geldim ama bir aksilik var. İç çamaşırımın içine koyduğum bez yok. Hemen annemin yanına gittim. Bezin olmadığını söyledim. "Daha önündeki beze sahip çıkamıyorsun, kendine nasıl sahip çıkacaksın, git geldiğin yollara bak, yere düşmüştür," dedi. Nitekim de öyle olmuş. Yol ortasında yatıyor benim bez. Ortada yatan benim bezim mi, hayal kırıklıklarım mı, yaşadığım utanç mı, çaresizliğim mi, ayıbım mı?

Daha anlatsam bu hikâye bitmez ama demem o ki: Kızları için babaları önemlidir ama anneleri daha çok önemlidir. Ben, ailesi ve ailesinin oluşturduğu boşluktan dolayı arkadaşları tarafından sürekli duygusal anlamda istismar edilmiş biriyim. Evladının duygularını anlamamak, hayati önem taşıyan bilgileri paylaşmamak, özel durumları ile dalga geçmek, başkalarına alay konusu etmek bir istismar değil midir?

Keşke ailemi seçme tercihim olsaydı. O zaman kendime:

Benimle her şeyi konuşan,

Bilmeden yaptığım hatalar ve söylediğim sözler karşısında sabırlı olup bana doğru olanı anlatan,

Beni anlamaya çalışan,

Beni ihmal ettikleri ve gerekli bilgileri anlatmadıkları için başkalarına alay konusu etmeyen,

İlk ağdamı komşumuza değil de kendisi nasıl yapılması gerektiğini bana göstererek benim mahremiyetimi koruyan,

Bana saygı duyan,

Vücudumdaki tüylerle dalga geçmeyen,

Yarım atlet alınmadığı için memelerimi aylarca yazma ile bağlayarak saklamak zorunda bırakmayan,

Tüylerimin neden çıktığını, memelerimin neden büyüdüğünü ve bu lekenin neden vücudumda var olduğunu anlatan bir aile seçerdim.

ZEYNEP...

GÜÇ GÖSTERESİ İLE ELDE EDİLEN BAŞARI BAŞARI DEĞİLİDİR İSTİSMARDIR!

Çok baskıcı bir ailenin çocuğuydum ben. Bizim evde herkes birbirinden korkardı. Biz anne ve babamızdan, annemse babamdan, babam da kendi ailesinden... Hiç kimse korktuğu kişilerin yanında konuşamazdı, düşüncelerini savunamazdı. Kimin gücü kime yetiyorsa o, onu sindirirdi.

Babam kendi ailesine kızınca annemi döverdi, annem bizi, biz de kendimizden küçük kardeşlerimizi, kardeşlerimiz de oyuncaklarını. İtiraz etme hakkımız hiç olmadı. Çünkü ne zaman itiraz etsek ağzımızın ortasına yediğimiz bir tokatla sindirildik ya da "Kapat çeneni," diye susturulduk.

Babam hep çok güçlü gelirdi bana. Ben banyo yapmayı hiç sevmezdim mesela. Annem bizi ne zaman yıkayacak olsa ben hep kaçardım. Babam beni odadan zorla çıkartır, üstümü neredeyse bütün gücünü kullanarak soyar, sonra da beni yıkardı. Belli bir süre sonra onun çok güçlü olduğuna ikna olup direnmekten vazgeçmiştim. Nasıl olsa beni yakalar ve ben elinden kurtulamam diye kaçmayı bırakmıştım. Kendi isteğimle gelir, soyunur ve yıkanır olmuştum.

Onlara göre güçlerini bize göstererek istedikleri şeyleri yaptırmaları bir başarıydı. Zorla soymak, giydirmek, banyo yaptırmak, yemek yedirmek, ders çalıştırmak... Aklınıza ne geliyorsa işte. Güçlerini kullanarak istedikleri her şeyi yaptırıyorlardı. Hatırlıyorum, ben de kardeşlerime gücümü kullanarak istediklerimi yaptırırdım. Çünkü öyle öğrenmiştim.

İnsan, kendinden daha güçlü olduğunu düşündüğü kişilere karşı direnmekten vazgeçiyor. Şu an 37 yaşında kocaman bir adamım ama hala bile zorda kaldığımı, başaramayacağımı düşündüğüm her durumda direnmekten vazgeçerim.

Küçük bir kasabada büyüdük. Herkes birbirini tanırdı. Okula gelip giderken mahallenin bizden yaşça büyük çocukları önümüzü keser, çantamızı kurcalar, cebimizde harçlığımız varsa elimizden alırdı. Sesimizi çıkaramazdık. Çünkü onlar bizden güçlüydü. Okulda, sınıfça bizden büyük çocuklar yine aynı şekilde davranır ama ben yine sesimi çıkaramazdım. Çünkü onlar da benden güçlüydü.

Öğretmen de okulda çok döverdi bizi. Her haylazlığımızın karşılığı, avuç içlerine yediğimiz değnek olurdu. Kendimi o kadar aciz ve güçsüz hissederdim ki bu duyguyu yenmek için benden küçük çocuklara, bana ne yapılıyorsa aynısını yapardım.

9 yaşlarındayken babam bir akşam saati, beni ekmek almaya gönderdi. Evimizin karşısında kocaman bir boş arazi vardı. O araziye büyük kamyonlar park ederdi. Karşıma bir anda mahallenin çocuklarından, benden yaşça büyük iki üç kişi çıktı. "Gel bakalım buraya," diye beni yanlarına çağırdıklarında kötü bir şeyler olacağını anladım ama sesimi çıkaramadım. Kaçmayı düşünmedim.

Çünkü biliyordum ki onlar beni yakalardı.

Çünkü benden güçlüydüler.

Sessizce beni çektikleri yere doğru yürüdüm. Ne istiyorlarsa yaptım. Önce pantolonumu çıkarmamak için biraz direndim, sonra da vazgeçtim. Çok korktum, canım çok acıdı ama sesimi çıkaramadım. Sessiz bir şekilde oradan uzaklaştım. Ekmeği aldım. Eve döndüm. Sofraya oturdum ve yemeğimi yedim. Sanki az önce bana yapılanlar hiç yaşanmamış gibiydi. Sonra belli aralıklarla aynı kişiler tarafından aynı şekilde istismar edildim. Hiçbirinde direnmedim, sesimi çıkarmadım. Çünkü daha küçük yaşlarda ikna edilmiştim.

BÜYÜKLER BİZE BİR ŞEY YAPTIRMAK İSTERSE GÜCÜNÜ KULLANARAK YAPTIRIR.

FIRAT...

***

Bu olayı yazarken aslında bize basit gelen şeylerin çocuklar için ne kadar önemli olduğunu bir kere daha anladım. Çocuklarımıza bir şey yaptırmak istediğimizde ve onlar bize karşı çıktığında hepimiz aynı hatayı yapmıyor muyuz? Ya istediğimiz şeyi yapmaya zorluyoruz ya tehdit ediyoruz ya da rüşvet veriyoruz. Gücümüzü kullanarak çocuklarımıza baskıyla yaptırdığımız her şey onların kendilerini savunma güdülerine vurulmuş bir kelepçe oluyor. İsteklerine kulak asmıyoruz, onları dinlemiyoruz.

Temiz olmasını, kirli gezmesinden daha önemli görüp baskıyla yıkıyoruz,

Kıyafetlerini çıkarmak istemiyorsa ve biz o kıyafeti giysin istemiyorsak zorla çıkartıyoruz,

Yemek yemek istemiyorsa çenesinden tutarak zorla yediyoruz,

Uykusu gelmese de zorla yatağa götürüp ağlata ağlata uyutuyoruz.

Çocuk bizim bu davranışlarımızdan neyi öğreniyor:

"Onlar güçlü ve istediklerini bize yapabilir, yaptırabilirler."

Gücümüzü kullanmadan onların kendilerini ifade etmelerine fırsat vererek ortak noktada buluşsak çocuk kendini her türlü ortamda ve durumda ifade etmeyi öğrenmiş olmaz mı?

Diyelim ki üstü kirlendi ve değiştirmek istiyorsunuz ama çocuğunuz buna izin vermiyor. Çocuğun üzerinden zorla ve öfkeyle çıkarılan her kıyafet onun mahremiyet duygusuna ve inancına zarar verir. Böyle bir durumda ona anlatsak ve kıyafetini seçme hakkı tanısak eminim çocuğunuz siz zorlamadan üstünü değiştirmeye ikna olacaktır.

Ya da banyo yapmak istemeyen bir çocuğu ağlaya ağlaya yıkamak yerine, banyoda kıyafetlerimiz üstümüzde iken su ile oyun oynarsak, çocuğumuz oyun ile banyoyu sevdikçe onun rızasını alarak üstünü yavaş yavaş çıkartıp banyo aşamasına geçersek ve nazik bir şekilde çocuğumuzu yıkayıp banyomuzu tamamlarsak hem kriz ortamı oluşmamış olur hem de çocuklarımızda mahremiyet bilinci zedelenmemiş olur.

Yukarıdaki olayda istismara maruz kalmış çocuk sizin çocuğunuz da olabilirdi. Eğer kaçma yollarını keşfedemediyse bir çocuk, kontrolsüz güç uygulanıyorsa ve çocuk kendine uygulanan gücü koşulsuz kabul ettiyse boş bir arazide ellerinden kurtulabilecekken bile sessiz kalır maalesef.

Çünkü siz onun kaçmasına hiç fırsat vermemişsinizdir. Elinizden kurtulması için gerekli stratejiyi oluşturmasına müsaade etmemişsinizdir. Çocuk, bir yetişkinin elinden nasıl koşarak kurtulur, bunu deneyimlememiştir. Ve kaçabilme duygusunu yaşamadığı için hemen yakalanacağına ikna olmuştur.

Orantısız güç, güç değildir: **SUSTURMAKTIR, SİNDİRMEKTİR VE KABUL ETTİRMEKTİR.**

Hadi bakalım, çocuklarınızla yakalamaca ve saklambaç oynayarak onların strateji geliştirmesini sağlayın.

“BEN BU CEZAYI HAKETTİM”

Küçükken çok hareketli ve oldukça zeki bir çocuktum. Herkesin parmakla gösterebileceği türden. Ruhum bedenime sürekli "Yerinde durma, hareket et," diye emir veriyor, beş dakika sakin durabilmeme müsaade etmiyordu. Ama kimse ruhumu anlamıyor, herkes bedenimi suçluyordu.

"Elin dursa, ayağın durmuyor, içinde kurt var sanki. Hiç yorulmaz mısın sen? Bıktım senden. Ne biçim çocuksun?" Bedenime edilen her hakaret ruhumda yaralar açıyordu. Beni herkes suçluyordu ama en çok da ailem bunu yapıyordu. Diğer insanlar da ailemden cesaret alıp benimle istedikleri gibi konuşup tehdit edebiliyorlardı. Aslında ailemin ve diğer insanların bilmediği bir şey vardı. Bedenimi yöneten ruhumdu. Etten, kemikten olan bu beden, ruh olmasa ne işe yarardı?

Bir çocuğun önce ruhunu anlamaya çalışacaksın ve onun ruhunu seveceksin. Ben, sürekli olumsuz kelimelerle etiketlendiğim için ruhum sevgiye doyamadı ve gerekli şekilde beslenemedi. Annemle babamın benden nefret ettiğini düşünürdüm. Kendimi sanki onlara verilmiş bir ceza gibi hissederdim. Çünkü onlar, tavırları ve söyledikleriyle bana hep böyle hissettirirdi.

"ALLAH'IN CEZASI ÇOCUK!"

Aslında çok hızlı öğreniyordum. Daha okula başlamadan okuma-yazmayı çözmüştüm. Çok soru sorardım ama bu da suçtu. Çünkü ailemin sorularımı cevaplayacak ne vakti vardı ne de sabrı... Susup yerimde oturayım diye beni hep tehdit ederlerdi. Dışarıda diğer çocuklara ve insanların eşyalarına zarar veriyorum diye sokağa da tek başıma çıkarmak istemezlerdi. Enerjimi atamadığım için evin içinde daha fazla hareketlenir, koşturur dururdum.

Bu kadar hareketli olduğum için aile arasında ister istemez kavga sebebi olurdum. Babam, annemi suçlardı.

"Sen yüz veriyorsun bu çocuğa, iyice şımarık oldu." Annem de babamı suçlardı.

"Elinden telefonu ve kumandayı azıcık düşür de çocukla sen ilgilen o zaman." Sonra ikisi birden bana dönüp bağırırlardı.

"Senin yüzünden kavga ediyoruz, otur artık yerine!" diye. Çok üzülürdüm. Ben ne yapmıştım ki? O an yaptığım her şey, çocuk olmanın doğasından geldiği için bana anormal gelmezdi.

"Neden bu kadar kızıyorlar?" diye. Anlam veremezdim. Ama onların dikkatlerini çekmeyi başardığım için kızdıkları şeyi daha çok yapardım. Ya da "Her şeye zaten kızıyorlar," diye umursamazdım. Sadece bana bağırdıkları veya dövdükleri zaman beş dakika sessizce yerime oturur, elime koluma hâkim olmaya çalışırdım. Ama ruh duramıyor işte! "Hadi kalk, oyna, zıpla, tırman," diye içimden bir ses durmadan konuşuyordu. Kendimi kontrol etmeyi bir türlü başaramazdım. Yaşananlara çok üzülür, kendimi bir baş belası gibi görür ama yine de kendimi bir şeyleri kurcalarken, bozarken, hoplayıp zıplarken bulurdum. Sonuçsa hep ceza, ceza, ceza...

Düşüp kafamı kanatsam ailem hemen "Bak bizi üzdüğün için Allah seni cezalandırdı," derdi. Allah cezalandırmıyorsa mutlaka kendileri bir ceza verirdi. Bu ceza da genelde odaya kilitlenmek, dayak yemek ya da oyun oynamaktan mahrum edilmek olurdu.

Zihnim artık kabul etmişti. Başıma gelen her kötü olay bana Allah ya da ailem tarafından verilen bir ceza ve ben bu cezayı sonuna kadar hak ediyordum. Çünkü ben o kadar kötü bir çocuktum ki ne ailemin ne de Allah'ın sevgisini hak ediyordum.

6 yaşlarında iken bir gün annem beni komşuya bıraktı. Komşunun liseye giden bir kızı vardı. Çizgi film izleme bahanesiyle beni odaya çağırdı. Bir müddet çizgi film izledikten sonra bana uygunsuz videolar açtı ve "Bunları kimseye söyleme, söylersen annen, baban seni çok döver," dedi.

Videoyu izlerken önce çok merak ettim. İlk defa çıplak büyük insanlar görmüştüm. Ve özel bölgeleri çok dikkatimi çekmişti. Sonra kendimi kötü hissetmeye başladım ve bunları izlemek istemediğimi söyledim. "Tamam," deyip kapattı ve beni bir daha tembihledi.

"SAKIN KİMSEYE SÖYLEME!"

Nasıl söyleyebilirdim ki! İzlediğim şeyin ne olduğunu bilmiyordum ama kötü bir şey olduğunu hissediyordum. En ufak bir hareketimde beni sürekli cezalandıran ailem, kim bilir bu izlediğim şey için bana ne cezalar verirdi. Hem benim bir etiketim vardı:

"Allah'ın cezası çocuk!"

Allah'ın ceza olarak yarattığı bir çocuk her türlü kötülüğü hak ederdi.

Ben o komşuya ne zaman gitsem hep bu videoları o şahıs tarafından izlemek zorunda bırakıldım. Üstelik benden sürekli onun özel bölgesini öpmemi istiyordu. Ben bunu yapmak istemiyor ama korkudan kimseye bir şey söyleyemiyordum. Sanki bu yaptığım kötü şeyden dolayı, Allah ailemi benden alacak gibi hissederdim. Çünkü ailemin söylemesine göre Allah bizi hep görüyordu, izliyordu. Benim kötü bir şey yaptığımı bildiğine göre, ailemi benden alarak beni cezalandırabilirdi. Çünkü annem sürekli "Allah canımı alsa da kurtulsam sizden," derdi ve ben çok korkardım. Allah annemi benden alacak diye.

Bir çocuğun beynine çivi çakar mısın? Asla çakmazsın değil mi? Ama benim beynime çakılmıştı. Hem de ailem tarafından üzerine küçük notlar tutuşturularak.

"Sen anne ve baban için verilmiş bir cezasın!"

"Bizim için değersizsin!"

"Sevgimizi, saygımızı, ilgimizi hak etmiyorsun."

Zihnim o kadar kabullenmiş ki bunu, kendimi o kadar değersiz ve suçlu hissediyordum ki cezasını tamamlamaya çalışan mahkûm gibi bana yapılanlara ve benden istenenlere sadece seyirci kaldım.

Uğradığım istismar bu şekilde 7-8 yaşlarına kadar zaman zaman sürdü. Sonra bir gün şahsın annesi bizi uygunsuz bir şekilde yakaladı. Beni odadan çıkarttı ve şahsı dövmeye başladı. Oturduğum yerde donup kalmıştım. İçeriden çığlıklar geliyordu. Sonra da gelip beni de dövecek korkusu ile tir tir titriyordum. Bir süre sonra şahsın annesi odadan çıktı, yanıma geldi ve bana sarıldı. Sakinleşmemi istedi. Sonra bana "İçeride neler oldu?" diye sordu. Ben olanları anlattıktan sonra bana "Bunları sakın kimseye söyleme. Özellikle anne ve babana. Sonra çok kötü şeyler olur. Ben şimdi ablaya çok kızdım, bir daha böyle bir şey olmayacak," dedi.

"Tamam," diyerek o evden çıktım ve kimseye bu olanları anlatmadım.

Çünkü yaşadığım şeyin bana Allah tarafından verilen bir ceza olduğuna inanıyordum. Ben kötü, yaramaz bir çocuktum ve Allah beni böyle cezalandırıyordu. Cezamı çekecek, ailemi üzdüğüm için işlediğim günahlar affolacaktı.

Eğer bunları aileme anlatacak olursam bu sefer de ailem beni cezalandıracaktı. Kendimi kapana kısılmış gibi hissediyordum.

Şimdi düşünüyorum da keşke ailem, beni terbiye etmek için Allah'ı hep ceza veren, cehenneminde yakan bir yaratıcı olarak anlatmasaydı. "Beni üzersen hasta olurum, ÖLÜRÜM, ANNESİZ KALIRSIN, seni bırakır giderim, başkalarının ailesi oluruz," diye beni tehdit etmeselerdi. Yaptığım her hatada "Çok günah, Allah seni cehenneminde yakacak" demeselerdi. Canım acıdığında "Günahının bedelini ödedin bak!" diye kafamda yanlış inanışlara sebep olmasalardı. Yaşım daha 6 bile değilken bu anlamını bilmediğim ve bir türlü anlamlandıramadığım bir sürü kelimeyle zihnimde korkulara yer açmasalardı…

Ben annemi, babamı çok seviyordum. Onlar bana ne kadar kızsa da ben onlarsız kalmayı hiç göze alamadım, onları kaybetmekten çok korktum. Ailem beni, kötü bir şey yaptığımda cezalandırılacağıma ikna ettikleri için ben yaşadıklarımı konuşmaktan, anlatmaktan hep çekindim. Çünkü yaşadıklarımın bir bedel olduğuna inanıyordum. Allah bana bunları yaşatarak beni cezalandırıyordu. Ne bileyim, belki de bana yapılan çok kötü bir şeydi ve ben kötü bir çocuk olmuştum. Yaşadığım şeyin adını bilmiyordum ki…

Yıllar sonra anladım ne yaşadığımı. Ailem neden ruhumu anlamamıştı? Bana sürekli ceza vermek yerine keş-

ke birilerinden yardım alsalardı, beni bir doktora götürselerdi. "Bu çocuk durmuyor, nesi var," deselerdi. İlkokul yıllarımda öğretmenimin ailemi yönlendirmesiyle beni bir doktora götürmüşlerdi. Yapılan testlerin sonucu üstün zekalı olduğum ortaya çıktı. O an bile annem dalga geçmişti:

"Ne üstün zekalısı, bu çocuk olsa olsa geri zekalı olur."

Aile olmak bedeni doyurmak, giydirmek değildir sadece. Babam kışın ayaklarım üşemesin diye içi tüylü bot alırdı. Botun su almamasına çok dikkat ederdi. Ama ruhuma giydirilmiş bu beden sürekli su alıyordu, farkında değillerdi. Her su baskını ruhumda iyilik ve güzellik adına olan şeyleri boğup öldürüyordu. Hangisi daha önemliydi su aldığı için üşüyen ayaklar mı yoksa aldığı her suda ruhumda boğulan güzellikler mi? Ruhumdaki kaçaklara yama bile yapsalar kendimi iyileştirmeme yeterdi ama benim ailem deliği her geçen gün daha da açtı. Bedeni korumak ne kadar önemli ise ruhu korumak ondan çok daha önemli. Aile olmak önce ruhu doyurup giydirmektir. Eğer ruh aç kalıyorsa ve uygun terbiye ile giydirilmiyorsa sevgisiz, ilgisiz bırakılıyorsa ortaya benim gibi arsız, üstün zekalı, istismar mağduru bir çocuk çıkıyor.

Diyorum ki tam tersi olsaydı. Ailem beni, ailesiz kalmakla tehdit etmeseydi, sürekli ceza vermek yerine anla-

maya çalışsaydı, sürekli hakaret işitip dayak yemeseydim, yapılan her hatanın kötü bir bedeli olduğuna inandırılmasaydım, Allah ceza veren bir yaratıcı olarak sürekli anlatılmasaydı ben bu istismara sessiz kalır mıydım?

FİKRET...

***

Kalır mıydı sizce de? Bence kalmazdı. Bedeni terbiye etmek için verdiğimiz cezalar aslında ruha verilmiş oluyor. Ruh ceza ile terbiye edilir mi? Ruhun merhemi şefkattir, sevgidir. Çocuğun suratına atılan her tokat, onun mahremiyetine, terbiyesine, ar duygusuna verilen zarardır.

Yüz, insanın utanma duygusunu yaşadığı, beslediği, öğrendiği yeridir. Sen çocuğunun yüzünü ne kadar çok zarara uğratırsan, çocuk utanma duygusunu o kadar kaybedecektir. Bedenin herhangi bir yerine vereceğin zarar da çocuğun karakterine, hayata ve insanlara bakış açısına zarar verecektir. Farkında olmadan verdiğin her zarar, çocuğu daha arsız yapar. Anlamak, dinlemek, çözümünü ilgiyle şefkatle bulmak gerekir.

Hareketli çocukları durdurmaya veya çocuklarımızda hoşumuza gitmeyen davranışları değiştirmeye çalışırken ceza vermek, onların belli bir süre sonra kendilerine yönelik inanışlarını olumsuz yönde etkileme başlıyor. Bu olayda olduğu gibi. Her hatanın mutlak bir bedeli vardır, düşüncesine kapılan bir çocuk, başına gelen en kötü olayı bile kimse ile paylaşmıyor ve bunu hak ettiğine inanıyor ya da ailesi tarafından daha büyük bir ceza ile cezalandırılacağını düşünüyor. Kendisine edilen tehditlerin gerçekleşmesinden korkuyor.

Hele bir çocuğu Allah ile korkutmak, Allah'ı bir cezalandırıcı gibi göstermek çocukluğa verilmiş en büyük zarardır. Çünkü çocuk yaşı gereği Allah'ı zaten kafasında oturtamamışken, bir de görünmeyen bir ceza unsuru olarak göstermek en büyük travmadır. Çocuk onu görmüyor ve o görmediği şey onu sürekli cezalandırıyor. Günah diye bir şey var ve bu günahlar onun cehenneme gitmesine sebep oluyor. Soyut düşünemeyen bir çocuğa kurulan bu cümlelerden çocuk ne anlıyor biliyor musunuz? Allah diye bir insan var. Onun koca koca gözleri herkesi görüyor. Hatta gökyüzünden sürekli onu izliyor. Allah'ın odunları var, sürekli yaktığı ateşe bu odunları atıyor, insanları da bu ateşte yakıyor. Çocuk da bu ateşe atılacağı günü travma üzerine travma geçirerek bekliyor.

Söylediğiniz soyut içerikli her şeyi çocuk, dünya hayatında somut bir şeye benzetiyor. Allah, melek, şeytan, çocuk için birer insan veya çocuğun kafasında çizdiğiniz tabloya göre yırtıcı ve vahşi bir hayvandır. Çocuğunuza gerçekten kötülük yaptığınızın farkında olun, lütfen!

Ceza vermek, korkutmak, tehdit etmek asla caydırıcı bir yöntem değildir. İstenmeyen davranışın daha fazla görülmesini sağlayan itici bir uyarıdır. Üstelik ceza, çocuk ile aileler arasında, iletişim kurmalarına engel olan bir duvardır. Psikolojik ve fiziksel olarak verilen her ceza bu duvara eklenen bir tuğladır. Duvar ne kadar büyük olursa çocuk sizden o kadar uzaklaşır. Kendini suçlu hisseder, içine kapanır.

Çocuklarınız ile aranıza duvarlar örmeyin. Örmeyin ki çocuklarınız duygusal, fiziksel, cinsel istismara sessiz kalmasın.

Çocuğunuzun gücü bu duvarları yıkmaya asla yetmez. Duvara sırtını dayar ama siz diğer tarafta olduğunuz için çocuğun hissettiği tek şey soğuk taştır. Çocuklar sırtlarını soğuk taşlara değil, onu şefkati ile kucaklayan ailelerine yaslasın...

“BİZE HİÇ SAYGI DUYULMADI Kİ SAYGI DUYMAYI ÖĞRENELİM”

İnsan saygı görmeyi de saygı göstermeyi de önce ailesinde öğreniyor. Eğer ailen sana saygı duymuyorsa sen de kimseye saygı duyamıyorsun. Çünkü saygının nasıl bir şey olduğunu öğrenmemiş oluyorsun.

Babaannem bizimle yaşardı. Dedem, babam çok küçükken ölmüş. Babam da babaannemden hiç ayrılmamış. Evlenince de hep birlikte yaşamaya başlamışlar. Babaannem, anne ve babamın evlilik hayatına, özel hayatına, çocukları ile ilgili kararlarına hiç saygı göstermemiş. Bizimkiler de zamanla saygı görmeyi ve göstermeyi unutmuşlar. Hep bir hırgür vardı evimizde.

Annem ve babam düşüncesiz insanlardı. Bize, bizimle ya da ailemizle ilgili hiçbir karar sorulmazdı mesela. Eve bir şey alınacaksa ve biz olur da fikir beyan edecek olursak hemen sustururlardı. "Sen ne anlarsın sus, karışma sen, her şeye burnunu sokma..."

Mesela annem kuzenlerime bana sormadan kıyafetlerimi verirdi. Çok sinir olurdum ama sesimi çıkaramazdım. Zamanla ben de başka insanların eşyalarını izinsiz kullanmaya başladım.

Çantamızı sürekli kurcalardı annem. Ben yetişkin olduğumda bile bunu yapmaya devam etti. Babamın cüzdanına, ceplerine ondan izin almadan hep bakardı. Babam da annemin eşyalarını aynı şekilde ondan izinsiz kurcalar veya kullanırdı. Biz de zamanla insanların izin almadan eşyalarını kullanmaya ve evlerini izinsiz kurcalamaya başladık.

Odamıza pat diye girerlerdi. Kaç kere üstümü değiştirirken evin diğer bireyleri tarafından çıplak olarak görüldüm. Ama kimse bu durumdan rahatsız olmaz, kapıya vurmadan girmeye devam ederlerdi. Biz de aynı şekilde kapıya vurmadan diğer odalara girerdik. Kaç kere annem ve babamı uygunsuz şekilde yakaladım.

Yatak odasının önemli ve mahrem bir yer olduğu öğretilmedi hiç. Arkadaşlarımla rahatlıkla ailemin yatak odasına girer, oyunlar oynardık. Kimsenin evinde yatak odalarına girmekten çekinmezdim.

Abisi evli olan ve onlarla yaşayan bir arkadaşım vardı. Bir gün onlarda saklambaç oynarken pat diye abisinin yatak odasına girdim. Abisi yatakta yatıyordu ve yorganı kaldırarak "Gel buraya saklan," dedi. Bana göre yatak ve yatak odası mahrem değil, başkasının odasına izinsiz girmek, yatağına yatmak da yanlış değildi. Hiç düşünmeden yorganın altına girdim.

Çocuk aklımla hemen cenin pozisyonu alıp saklanmaya çalıştım. Ama bir anda bir elin bedenimde gezindiğini anladım. Hiç sesimi çıkaramadan dona kalmıştım. Ne olduğunu anlamaya çalıştım. Arkadaşım beni yorganın altında buluncaya kadar sessizce yatmaya devam ettim. Hatta yine birkaç defa daha gidip o yorganın altına saklandım. Neden bu dokunuştan rahatsız olmadım? Çünkü ailemizde hiç mahremiyet algısı oluşturulmadı. Herkesin her şeyi ortadaydı. Herkes birbirinin odasına pat diye girer, çıplak da görse rahatsız olmazdı.

Babaannem hep memelerimizi sıkarak severdi. Hatta ben biraz yapılı bir çocuk olduğum için aile içinde popom dalga konusu olur, kimse bu konuşmalardan rahatsız olmazdı. Herkes birbirinin malını, eşyasını, özelini rahatlıkla kullanabilirdi. Bana yapılan da sanırım bu yüzden anlamlandıramadım. Yıllar sonra anladım o yorganın altında bana ne yapılmak istendiğini.

Anladım ki mahremiyet bilinci önce evde başlıyor. Eğer ailen senin özeline saygı duyuyorsa sen de kendi özel alanlarını anlıyor, başkalarının özel alanlarını biliyorsun. Kendi çizdiğin sınırlar içine kimseyi almıyor, kimsenin de sınırları içerisine girmeye çalışmıyorsun. Kapalı kapılar arkasında iken pat diye her girildiğinde ben bedenimin, eşyalarımın, odamın özel olduğuna dair inancı hiç kazanamadım.

Kıyafetlerim, eşyalarım benden izinsiz başkaları ile paylaşılırken ve fikrim hiçbir konuda alınmadığı zamanlarda kaybettim ben bu inancı. Ailem birbirinin çantasını, cebini, benim çantamı karıştırırken; şaka yollu özel bölgelerime dokunulurken, "İsteyen herkes, istediği şeye dokunabilir," diye düşündüm. Meğer aile olarak ne kadar da büyük bir yanlışın içindeymişiz.

Ben, annem ve babam gibi bir insan asla olmadım. Çocuğumun odasına asla kapıyı vurmadan girmedim, kapalı olan her kapının vurulmadan girilmemesi gerektiğini öğrettim. Eşyasını izinsiz almadım, kimseye çocuğumun eşyasını, o istemiyorsa zorla vermedim. Yatak odamızın çok özel bir oda olduğunu, buraya mecbur kalmadıkları müddetçe asla girmemeleri gerektiğini öğrettim. İnsanların yataklarının özel alanlar olduğunu ve kimsenin yatağına yatmaması gerektiğini, hele o yatakta biri varsa kesinlikle yatılmaması gerektiğini anlattım.

Evimize gelen misafirlerin çocukları onun odasına girmeden önce mutlaka çocuğumdan izin istediler. Onun oyuncak çantalarını bile ondan izinsiz açmadım. Çünkü biliyorum ki ben ona ve özeline ne kadar saygı gösterirsem o da kendine ve başkalarına karşı o kadar saygılı ve özenli olacaktır. Benim gibi bir istismara maruz kalmaması için ben elimden ne geliyorsa fazlasıyla yaptım. Çünkü mahremiyet bilinci sadece bedene saygıyla olmuyor. Bir bütün olarak ona ait ne varsa hepsine saygı duymak gerekiyor...

NİLÜFER...

"BEN, O KÜÇÜK KARDEŞ HİÇ OLAMADIM"

Eğer arkanda güvenecek bir ailen yoksa hayat koca bir kara delik oluyor. Her an seni içine çekebilir ve karanlığında yok edebilir. Bu karanlıktan kurtulmak istiyorum ama başaramıyorum. Yıllardır benimle evlenmek için can atan sevdiğimin evlenme teklifine "Evet," diyemiyorum.

Bizim buralarda insanlar hala cahiliye döneminde gibi yaşar. Kadın-erkek bir arada pek oturmaz. Büyüklerin yanında insanlar hala çocuklarını kucağına almaz, sevgi gösterilerinde bulunmaz. Mesela büyüğünün yanında eşini ve çocuklarını dövmek, onlara hakaret etmek ayıp değildir; hatta bir erkeğin ailesine zülüm etmesi, o erkeğin ne kadar çok sözünün geçtiğinin ve güçlü olduğunun göstergesidir. Eğer olur da sevgi gösterecek olursan, bir de eşine yardım ediyorsan bu bir erkeğin acizliğidir. Hemen çevresi tarafından aşağılanır, hor görülürsün.

Bir kadını sevmek, yardım etmek, sahip çıkmak, koruyup kollamak ayıp yani buralarda...

Şimdi düşünüyorum, bu düzen burada böyle yıllarca devam etmiş. Yani bizim ninelerimiz-dedelerimiz bu eziyete ve aşağılanmaya maruz kalmışlar. Ama onların yetiştirdiği erkek çocukları, yine kendi eşleri gibi bir baba olmuş. Babaannem, dedemden çok dayak yemiş ama onun yetiştirdiği evlat da annemi çok dövmüş.

Bir toplumu değiştirmek istiyorsak önce kadınlarımızı değiştirmeliyiz. Çünkü bir anne çocuğunu nasıl eğitiyorsa çocuk ona göre şekil alıyor. Annem, babamdan dayak yediğinde babaannem:

"Ne var iki tane tokat attıysa! Erkek o, sinirini nasıl atacak? Sen kocanın gönlünü hoş tut," derdi. Ne demek erkek! Bir türlü duyduklarımı, gördüklerimi aklım almazdı. Hep babaanneme karşı çıkardım. Ben karşı çıktıkça babaannem sinirlenir:

"Pabuç gibi bu dille, seni alan olmaz. Alan da iki güne kapıya koyar," derdi.

Keşke gerçekten kendimi savunabileceğim pabuç kadar bir dilim olsaydı ve ben bu dilim yüzünden kapının önüne bırakılsaydım. Yaşadıklarım kadar ne ağır gelebilirdi ki bana.

Ama annem de abimi; dedemden, babamdan farklı yetiştirmedi. Abim ne isterse ayağına gitti. Annem ve ben hep hizmet ettik. Ne babamın ne abimin bir kere bile kendi suyunu aldığını bile hatırlamıyorum. Onlar erkekti. Her türlü hizmeti hak ediyorlardı. Çünkü onlar önemli bir güce sahipti. İstediği vakitte eve gelebilir, istediği kadına bakabilir, canı isterse küfür edip bizi dövebilirlerdi. Abim ve babam ne istiyorsa ben hemen yerine getirmeliydim. Onlara karşı çıkmak çok büyük ayıptı. Zaten karşı çıkmak ne mümkün. Yiyeceğim dayağı düşününce hemen dediklerini yapıveriyordum. O kadar korkak ve aciz büyüdüm ki hala kendi gölgemden korkarım.

Annem hiç başka bir hayat görmemiş. Belki dünyadaki tek düzenin bu olmadığını bilseydi, biraz okuyup merak etseydi o da farklı bir insan olabilirdi. Evrendeki bütün erkeklerin ve kadınların böyle bir hayatı olduğuna inanıyordu. Annem, yaşadığı yerden 100 km. daha ilerisini hiç görmemiş ki; o da haklı. Ama annemin kendince haklı sebepleri beni kötülükten koruyamadı. Hatta bana yapılanların sebebi oldu.

Babamdan hiç bahsetmiyorum bile. Sadece biyolojik bir bağ var aramızda. Keşke onun biyolojisini taşıyan biri olmasaydım. Benim için o kadar yok ki varlığı benim için o kadar anlamsız ki sitem bile etmek gelmiyor içimden. Annemin beni sevdiğini hissederdim. O beni bağrına seyrek de olsa basardı. Gözümün yaşını silerdi. Keşke diyorum, çok güçlü bir kadının kızı olsaydım. Annem kendini ve beni korumak için ikimizi de hep sindirdi.

Beni sindirirken de bir erkeğin ne kadar güçlü olduğunu ve bizim onun karşısında mutlaka aciz kalmamız gerektiğini öğretti. Bu zihniyetle büyütülen erkek, gücünün özel bölgesinden geldiğine ne kadar çok inanıyorsa ve kadındaki acizliği hissediyorsa kendindeki gücü o kadar çok ispatlamaya çalışıyor. Abime de hep bu düşünce, babam ve dolaylı yollardan annem tarafından öğretildi.

Ben çocukken sokağa altımda uzun etek olmadan oynamaya çıkamazken abim bazen külotsuz çıkardı. Kadın-erkek herkes "Vay aslanım! Yiğidin malı meydanda olur. Sen büyüyünce bu pipi ile çok can yakacaksın. Babanın soyu bu pipi ile yürüyecek. Göster kızlar mal görsün," gibi sözler söylerlerdi. Ama bizim azıcık eteğimiz açılsa "Başımıza o... mu olacaksın?" diye döverler, hemen eve sokarlardı. Bir kere oyun oynarken abim özel bölgesine darbe almıştı. Eve ağlayarak geldiğinde babam: "Oğlum pipine sahip çıkacaksın, eğer pipine bir zarar gelirse kız kardeşinden farkın kalmaz, sana da bir etek giydirir, sokağa öyle salarız," demişti. Erkek olmak cinsel organına sahip çıkmaktan geliyordu.

O cümleler beynimde şimşek gibi çakmıştı. Bir pipim olmadığı için çok kızmıştım kendime. Bendeki eksik o organ, çocukluğumu, okul hayatımı, özgürlüğümü, kendime olan inancımı ve en önemlisi babam tarafından sevgi ve ilgi görmemi, kısaca hak ettiğim her şeyimi elimden almıştı. Hani babalar için kızları özeldir ya ben bırakın kendimi özel hissetmeyi bir babam varmış gibi bile hissedemedim. Kız olmak çok büyük eziklikti, çok aşağılık bir duyguydu. Ama abim güçlü ve değerliydi. Ve o gücünü ilk benim üstümde denedi.

Ellerim çamurlu, sokakta oyun oynamaktan gelmiştim. O şahıs ellerini yıka sonra yanıma gel, dedi. Çok korkardım hem babamdan hem hayatımı zindan eden pislik abimden. 8 yaşındaydım. Korkuyla ellerimi yıkadım, hemen yanına giderek karşısına dikilip "Buyur," dedim. Annem böyle öğretmişti.

"Eğer büyük bir erkek seni çağırırsa hemen karşısına geç, başını eğ, ellerini bağla, hizmet etmeye hazır ol," demişti.

"Ellerini iyi yıkamamışsın," deyince o kaygı ile ellerimi üstüme sildim. "Gel üstün kirlendi," dedi ve beni zorla soyarak...

Bağıramadım, sesimi çıkaramadım, "Sen ne yapıyorsun?" diyemedim. Çünkü o evin reislerinden biriydi. Ben ise evin değersiz hizmet görevlisi. Erkeklere karşı gelinmezdi. Hele aile büyüklerine asla. Bunu söylesem hem ne olacak ki? Kim bana inanırdı. Yapmadım dese tabii ki ona inanacaklardı. Hem kendimi hangi cümlelerle nasıl ifade edecektim, onu da bilmiyordum.

"Abim, üstüm kirlendi diye zorla elbisemi çıkardı, sonra canımı acıttı!" mı diyecektim. Ya da "Ne kadar güçlü bir oğlunuz varmış, onunla gurur duyun, bugün gücünü ve erkekliğini bende ispatladı!" mı? Yaşadıklarımın cümle karşılığı neydi! Çok utanmıştım ve korkmuştum. Eteğimin kenarı açılınca bile ne kadar büyük tepki gösteren, beni "o...u" ilan eden ailem, eteğimi tamamen çıkartıldığını duyunca kim bilir bana neler yapardı. Sesimi çıkartırsam herkes duyar, başımıza toplanır, "Neden abinin yanında soyundun?" diye beni döverlerdi. Suçlu olarak tamamen kendimi görüyordum.

Canım çok yandı, yüreğim sıkıştı ama yine de sustum. Hem de uzun yıllar... O beni her fırsatta hep kullandı.

Artık direnmeyi de bırakmıştım. Daha çocukken susmak öğretilmişti bize. Karşı gelmek ne büyük ayıp ve günahtı. Hakkımızı korumamıza hiç fırsat verilmedi. Zaten en baştan beri kadın olduğumuz için bir hakkımızın da olmadığına inandırıldık. Ne zaman ondan dayak yiyip annemin yanına gitsem "Sen de karşı gelmeseydin, o senin büyüğün," der, dinlemezdi bile beni annem.

Dinlenmemek, hor görülmek, suçlanmak, değer görmemek insanı istismara o kadar açık hala getiriyor ki. Bunu fark eden ilk kişi, seni kullanmaya başlıyor. Biliyor, nasıl olsa kimseye söyleyemeyeceksin. Seni nasıl istismar edeceğini ve susturacağını, arkanda kimsenin olmayacağını, duyulsa bile kendini nasıl aklayacağını, sen zaten bir paçavra olduğun için kimsenin sana değer vermeyeceğini o kadar iyi biliyor ki…

Bir baba başını okşamıyorsa evladının, anne sahip çıkmıyorsa çocuğuna, toplum olarak erkekleri baş tacı yapıp kadını **erkeğin elinin kiri** *olarak görüyorsak; daha çok kadın bu ülkede istismar edilmeye de ve bu istismara sessiz kalmaya da devam edecektir.*

Ben de bir erkek için el kiri değil miydim neticede? Buna inandırılmadım mı? O ellerini yıkar ve arınırdı. Ama kadın öyle miydi? Çamur bir kere sıçradıysa vücuduna, ne yaparsa yapsın asla arınamazdı. O çamur benim bütün vücudu-

ma sıçradı. Ne kadar yıkanırsam yıkanayım asla kendimi arınmış hissedemedim. Ne zaman biri ile göz göze gelsem kendimi bu büyük günahı işlerken yakalanmış gibi hissediyordum. Üzerimden kıyafetlerim çıkarılmış, sanki herkes beni çıplak görüyor diye düşünürdüm. Başımı uzun yıllar kaldıramadım, kimse ile göz göze gelmek istemedim. Ben abisi tarafından tecavüze uğramış biri olma gerçeğiyle hiç yüzleşemedim.

Hem nasıl yüzleşecektim? Sokakta dayak yerse küçük kardeş, abisi gelir onu korur, kollar. Ben onun abisiyim der, herkese kafa tutar. Kardeş abisinin kanatlarının altına saklanır, kendini güvende hisseder. Ben o küçük kardeş hiç olamadım. Abisinin kanatları altında kendini güvende hisseden değil, cehennem azabını yaşayan oldum. Bu cehenneme ailesi ve toplum olarak itilmiş, ruhu çamura bulanmış o çocuktum ben.

Biz kardeş gibi büyümedik ki zaten. Kardeş sevgisi, saygısı bize iki taraflı hiç aşılanmadı ki. Ben hep köşe bucak kaçtım hem babamdan hem o şahıstan. Ona hep beni ezmesi, hizmetkârı gibi kullanılması öğretildi. Kadınlar her seferinde değersizleştirildi, erkekler göklere çıkarıldı.

12-13 yaşlarımda direnmeye başladım. O yaratık artık korkmaya başlayıp bana bir daha yanaşmadı. Sanki hiçbir şey yokmuş gibi hayatına devam etti.

Şu an 30 yaşındayım. Okul okuyamadım ama kitaplar okuyarak kendimi çok geliştirdim. Okuduğum her cümlede kendimi iyileştirmeye çalıştım. Farklı dünyalar, hayatlar tanıdım. Dünyanın bizim yaşadığımız çevre kadar acımasız olmadığını öğrendikçe hayata ve geleceğe karşı inancım yeniden filizlendi. Beynimde kendim için yepyeni bir dünya kurdum. Kitaplardaki kahramanlar benim dostlarım oldu. Önüme yepyeni bakış açıları koydular, farklı düşünmemi ve bu yaralarımı sarmamı öğrettiler.

Ben 20 yaşındayken babam felç oldu ve öldü. Annemin de sağlık durumu pek iyi değil, şu an ben ilgileniyorum. O şahıs da evlendi. Şimdi yeğenlerim var. Kardeşine bunu yapan evladına da yapar diye çok korkuyorum. Sürekli onları tembihliyorum.

"Biri size dokunduğu zaman kendinizi kötü hissederseniz bunu gelip mutlaka bana söyleyin." Yeğenlerimi çok seviyorum. O pislikle yüzleşmeden onları görüp vakit geçirmeye çalışıyorum. Gözlerimi onların üstünden hiç ayırmıyorum.

Babam öldükten sonra çalışmaya başladım. Yaklaşık 10 yıldır aynı yerde çalışmaya devam ediyorum. Bütün erkeklere olan inancımı kaybetmişken bana hepsinin aynı olmayacağını ispatlayan biri çıktı karşıma. İlk defa bir erkek tarafından seviliyordum. İnanmam, güvenmem uzun zaman aldı. Ama o sabırla bekledi beni. Ailemde görmediğim şefkati bana o verdi. Korudu, kolladı merhametiyle bana her zaman muamele etti. Ama ben yine de ona doğru kanat çırpamıyorum. Tam çırpacakken hayatımı onunla ölünceye kadar birleştirmeye karar verecekken elleri çamurlu kız geliyor aklıma, duruyorum. Sürekli bana neden diyor ama ben bir türlü cevap veremiyorum.

Biliyor musun, babam öldüğünde hiç ağlamadım. Evimden, bedenimden, ruhumdan bir ağırlık kalktı sadece. O şahıs babam ölmeden önce evlenip gitmişti zaten. Artık beni ezik gören insanlar hayatımda yoktu. Üzerimde sürekli beni baskı altında tutan iki çift göz, her duyduğumda ruhumu, benliğimi karartan o sesleri, nefret ede ede hizmet etmek zorunda kaldığım iki varlık hayatımda yoktu.

Ne kadar acı değil mi bir aile olamamak? Babanın öldüğüne üzülememek, yeğenlerini babalarından korumak zorunda olmak ve sevdiğin adam seninle evlenmek istediği halde olur da bana "Neden bakire değilsin?" diye sorarsa "Bunu abim yaptı bana," diye nasıl söylerim diye düşünmek.

Belki hiç sormayacak ya da hiç önemli olmayacak. Ama ben her şeyi yendim de bir bu sorunun bana sorulma ih-

timalinde nasıl cevap vereceğimin korkusunu yenemedim. Belki zaman alacak biliyorum ama bir gün ellerimdeki bu son çamur kırıntısından da arınacağım. Sevdiğim adama "Evet," diyerek ben de mutluluğa kanat çırpacağım.

AZRA...

"BİR SOR BAKALIM NEDEN?"

Annem ile babam yıllar önce evlenip Almanya'ya göç etmişler. Hemen bir geçim derdi başlamış. Sonra biz doğmuşuz. Üç kardeşiz biz. Bir ablam ve abim var. Annem ve babam çalıştıkları için ben küçük yaşta kreşe gitmeye başladım. Akşam oluncaya kadar annemi ve babamı çok özlerdim. Heyecanla gelmelerini beklerdim. Akşam olunca önce beni sonra abimi ve ablamı okuldan alırlardı. Hep birlikte eve geçerdik. Tabii akşama kadar çalıştıkları için annem eve gelince hemen yemek yapmaya başlar, babam da kumandayı alıp televizyonun karşısına yatardı. Biz de kendi odamıza geçerdik. Aramızda çok az sohbet olurdu. Bütün aile birbirini sadece sofrada görürdü. Çok erken saatte evden çıktığımız için de erkenden herkes uyurdu.

Hafta sonları da bir paylaşımımız olmazdı. Tek izin gününde annem temizlik yapar, babam Türk birkaç arkadaşı ile buluşurdu.

Her gün aramızda geçen sohbet on cümleyi geçmiyordu. Ne zaman anne ve babama onlarla vakit geçirmek istediğimi söylesem, sürekli meşgul olduklarını söyleyip başlarından savıyorlardı. Babamın ve annemin sürekli "Şimdi değil, sonra" demesinden nefret etmiştim.

"Baba, oyun oynayalım mı?"

"Film bitsin sonra."

"Baba bana kitap okur musun?"

"Haberler bitsin sonra."

"Anne birlikte kek yapalım mı?"

"Ne keki! Şimdi bir dünya işim var, sonra."

Sonralara kalmış bir sevgi vardı aramızda, sonra olunca da hiç yaşanmayan... Ben de zamanla yanlarına gitmekten, onları özlemekten, vakit geçirmeye çalışmaktan, onlara anlatmak istediğim şeyleri anlatmaktan vazgeçtim. Abim ve ablam benden yaşça biraz daha büyüklerdi. İkisinin arasında paylaşım daha çok olur, beni sohbetlerine, oyunlarına pek katmazlardı. Üçümüz bir odada yatıyor-

duk. İki katlı bir ranzamız vardı. Ablam ve ben aşağıda abim yukarıda yatıyordu.

Bir gün evimize bir misafir geldi. Babam bu misafirin Türkiye'den geldiğini artık bizimle yaşayacağını söyledi. Amcamızın oğlu olan bu misafiri ilk defa görmüştüm. Ben o zaman 5 yaşlarında ancak varım. Evimiz iki odalıydı. Bir de oturduğumuz yer vardı. Gelen misafir mecburen salonda yatacaktı. Bir süre düzenimiz böyle devam etti. Sonra ablam evlenince gelen misafir de bizim odamıza geçti. Ben artık abimle yatıyordum.

Ablam kendi isteği üzerine Türkiye'den biriyle çocuk denilecek bir yaşta evlendi. Annem neredeyse benimle hiç ilgilenmez, bakımımı ablam üstlenirdi. Ablam, annem gibiydi. O yüzden onun gidişi beni çok etkilemişti. Amcamın oğlu ve abim benimle ilgilenmeye başladılar. Abim derslerimi yapmama yardımcı oluyor, amcamın oğlu da bazen benimle oyun oynuyordu. Bir hafta sonu hasta oldum. Anne ve babamın da düğüne gitmesi gerekiyordu. Beni amcamın oğlunun yanına bırakıp düğüne gittiler.

Amcamın oğlu denilecek şahıs, o zaman eğitim için yanımıza gelmişti. Yüksek lisans yapıyor, aynı zamanda çalışıyordu. İstismarı yapan kişilerin hep cahil, okumamış insanlar olduğu düşünülür. Fıtratı bozulan herkes bunu yapabilir. O bize ilk geldiği günlerde bile bir rahatsızlık duymuştum. Annem çekinmeden beni onun yanında rahatlıkla soyup giydirebiliyordu. Hatta annem kimsenin yanında dikkat etmezdi. Misafirlikte bile olsak üstüm kirlense onca insanın içinde beni soyup giydirirdi. Bazen utanır istemezdim.

Annem beni 6 yaşında kocaman bir çocuk olduğum halde bile iç çamaşırsız evin içinde gezdirirdi. Ben de 6 yaşına gelmiş olmasına rağmen mahremiyet bilinci oluşmamış bir çocuktum. Çünkü soyunmak, çıplak olmak çok normal gelirdi. Ben de kendimi hiç sakınmazdım. Ama annem banyodan beni çıkartıp onların yanında giydirirken amcamın oğlunun bakışlarından rahatsız olurdum. 6 yaşında bile olsa insan kendine çevrilen kötü nefisli bir çift gözün niyetini anlıyor ama çocuk aklı kendini nasıl koruyacağını ve ifade edeceğini bilmiyor. Aslında beni rahatsız eden bir duygu vardı ama bu duygu neden oluyordu, işte onu bilmiyordum.

Herkes evden gittikten sonra ben odama geçtim. Sonra uykuya dalmışım. Uyurken birden pijamamın üstünde bir el hissettim. Gözlerimi açtığımda o şahsın benim bacaklarımı okşadığını gördüm.

"Abi ne oldu?" diye sordum.

"Ateşin var mı diye kontrol ediyorum," dedi. Kendimi yine kötü hissettim ama bir şey diyemedim. "Gel seni soyalım, ateşin yükselmesin, hatta ben sana ılık duş aldırayım," dedi.

Annem beni onların yanında rahatlıkla soyup giydirdiği ve yıkadığı için kendimi koruma ihtiyacı hissetmedim. Kalktım, beni soymasına izin verdim. İç çamaşırıma kadar çıkardım. Beni yıkarken sürekli özel bölgeme dokunmaya çalıştı. Nitekim de istediği gibi dokundu. Benim tedirgin olduğumu hissedince "Ben senin abinim, abiler kardeşlerini yıkar, yıkarken de özel bölgelerine dokunur, bunda korkulacak bir şey yok," dedi. Ben de kabul ettim ve sesimi çıkarmadım. Sonra üstüm ıslandı bahanesiyle o da banyoya benim yanıma girdi. O zaman anlayamamıştım ama şimdi anlıyorum ki hedefine ulaşmış. Ama ben bununla ilgili bir mahremiyet bilincine sahip olmadığım için kendimi koruyamadım, bunu kimseye anlatamadım.

O gün ailem eve geldiğinde, şahıs hemen anneme: "Ateşi yükseldi, ben duş aldırdım yenge," dedi. O an annem "Aaa öyle mi, iyi yapmışsın," demek yerine biraz tepki verseydi, "Neden bize haber vermedin, bizi beklemedin; onu yıkaman hiç hoşuma gitmedi," deseydi ben belki banyoda yaşananları anlatırdım. Ama o kadar normal karşı-

ladı ki... Hatta üstüne bir de teşekkür etti. Ben banyoda bana yapılanların normal olduğunu düşündüm.

***

EĞER DİKKATLİ DAVRANIP UYANIK OLMAZSANIZ ÇOCUĞUNUZ İSTİSMARA UĞRAR, SİZ DE FARKINDA OLMADAN İSTİSMAR EDENE TEŞEKKÜR EDERSİNİZ.

***

Bu istismar böyle yıllarca devam etti. O sırada abim de evlendi. Biz o şahısla aynı odada kalmaya başladık. Geceleri o uyumadan asla uyumuyordum. Kapıyı mutlaka hep açık bırakıyordum. Kapının açık kalmasından dolayı çekiniyordu. Ama yine de bana dokunmaktan vazgeçmiyordu.

11 yaşında iken bana yapılanları daha iyi anlamaya başladım ve bir gün bana dokunmaya çalıştığı sırada çığlık attım. Annem ve babam koşarak yanımıza geldiler. Tabii yine bir şey diyemedim. "Bacağıma bir el değdi gibi oldu," dedim. Annem ve babam odadan çıkınca: "Bana bir daha dokunursan seni söylerim," dedim.

Ama o benim söyleyemeyeceğimi biliyordu. Çünkü annem ve babam onu çok seviyor ve ona güveniyordu.

Bana inanmayacaklarına adım gibi emindim. Çünkü ailem o şahsı çok güvenilir görüyordu. Yüksek lisansını ve doktora eğitimini tamamlamıştı. Üstelik iyi bir işe sahipti. Maddi olarak da bize çok faydası oluyordu. Gözlerinde bu kadar önemli bir yere sahip birine mi inanacaklardı yoksa 11 yaşındaki çocuğa mı?

12 yaşında iken ben salonda yatmaya başladım. Yatmadan önce mutlaka kapımı kilitlerdim. İstismarın önüne ancak o zaman geçebildim.

Ailem hiç sorgulamadı. "Neden bu kapıyı kilitliyorsun, odanda yatmıyorsun? O şahısla neden konuşmuyor, sürekli ondan kaçıyorsun?" hiç demedi. Benim ergenlik tripleri içerisinde olduğumu düşündüler.

16 yaşıma geldiğimde Türkiye'den beni ilk isteyen kişi ile evlendim. İki yıl imam nikâhı ile yaşadık. Yaşım dolar dolmaz da resmi nikâhımızı yaptık. Evlendikten sonra 3 yıl cinsel birlikteliğimiz olamadı. Korktum, iğrendim, tiksindim... Artık adına ne derseniz.

Eşim çok anlayışlı biriydi. 3 yıl boyunca sabırla bekledi. Bir gece bana biraz sitem edecek oldu: "Biz hep böyle kardeş gibi mi yaşayacağız?" O gece içimde bir volkan koptu. Hıçkıra hıçkıra sabaha kadar ağladım. O gece bir sıkıntım olduğunu anladı. Sabah bütün şefkati ve merhametiyle konuştu benimle. Başıma gelen her şeyi anlattım. Üzerimden büyük bir yük kalkmıştı. Sanki yıllardır sırtımda kaya parçası taşıyordum. Bir anda benim sırtımı büken bütün yüklerimden kurtuldum ve doğruldum. Eşimin anlayışı ve aldığım psikolojik destekle bu süreci atlattım.

Şu an 27 yaşındayım ve 5 yaşında bir kızım ve 3 yaşında bir oğlum var. Onların mahremiyetine büyük saygı duyuyorum. Oğlum olduktan sonra ikisinin de mahremiyet çizgisini muhafaza ettim. Kızım 3 yaşına geldikten sonra onu banyoda asla iç çamaşırsız yıkamadım, asla kimsenin yanında soyup giydirmedim. Kıyafetini çıkartırken ona karşı çok kibar davrandım. Asla hiçbir kıyafeti zorla üstünden çıkarmadım ki ruhundaki naifliğe zarar verip mahremiyet algısını kırmayayım. Herkesin onun kıyafetini zorla çıkartabileceğini düşünmesin, birileri ona zarar verecek olursa kendini koruyabilsin. Tabii oğluma da aynı şekilde davranıyorum.

İkisini de mutlaka dinliyorum. Duygularına, düşüncelerine önem veriyorum. Kimsenin onlardan daha güvenilir olduğunu hissettirmiyorum. Ben ve babası dışında kimse ile tuvalete ve banyoya göndermiyorum. Bedenlerinin her alanın çok özel olduğunu anlatıyorum ve onların bedenlerine önce ben saygı duyuyorum. Ben ve eşim onların yanında giyinip soyunmuyoruz. Benim gibi çıplaklığı normal algılamasınlar diye elimden geleni yapıyorum.

İki kardeşi farklı odalarda giydiriyorum. Birbirlerini, 3 yaşından beri neredeyse hiç çıplak görmediler. Vücutlarının çok özel olduğunun farkındalar çok şükür. Biri onları severken canları acısa hemen gelip bana söylüyorlar ve bunu yapan kişiyi de uyarıyorlar. Rahatsızlık duyduğu kimselere gitmiyorlar ve ben de asla zorlamıyorum. Her fırsatta onlara zaman ayırıyoruz.

Biliyorum ki her ihmal, istismar sebebidir. Ben ihmal edildikçe istismar edildim. Hem de anne ve babamın yan odasında. Aynı evin içinde hem de en güvendikleri kişi tarafından...

Kimseye güvenmiyorum o yüzden. Bu güvensizlik duygusunu çocuklarıma elbette aşılamıyorum ama istemeden de olsa insanlar çocuklarıma dokunurken gözetleme ihtiyacı duyuyorum. Birinin güveni, en güvendikleri tarafından sarsıldıysa maalesef bir daha kimseye güvenemiyor. Hem biz aile olarak tedbirli olmak zorundayız. Çünkü tehlike bazen burnumuzun dibinde.

Ha bir de unutmadan, çocuklarıma asla ne babası ne de ben "Şimdi değil sonra," demiyoruz...

DERİN...

ÇOCUK İÇİN AYIP YOKTUR MERAK VARDIR

Bizim evde akşam olunca bütün aile bir arada televizyon izlerdik. Annem ve babam haber, dizi, film aklınıza ne geliyorsa hep bizim yanımızda izlerdi. Tabii birlikte televizyon izleme konusunda bir sıkıntı yok ama izledikleri programlar ve bazı sahneler karşısında bize verdikleri tepkiler beni genelde çok rahatsız ederdi. Haberlerdeki, cinayet ve hırsızlık olayları beni çok ürkütürdü. Birinin gelip beni kaçırmasından ya da öldürmesinden çok korkardım. Ağlamaya başlardım. Ama aile bireylerim benimle "Ne korkaksın sen de," diye dalga geçerlerdi.

Ailemin izlediği diziler arasında bazen çiftler birbirine yakınlaşır, hatta öpüştükleri de olurdu. Annem böyle durumlarda hemen tepki verirdi: "Kapat şu iğrenç şeyi!" Ba-

bam da bize döner "Ne bakıyorsunuz bön bön, kapatsanıza gözlerinizi!" diye kızardı. Onların bizim yanımızda bu tarz bir şeyi izlemeleri normal ama bizim bunlara bakıyor olmamız anormaldi. Anormal davranan biz miydik, onlar mıydı? Yanımızda hiç izlenmemesi gereken programları açmanın ve gördüğümüz sahneler karşısında verdikleri tepkilerin yanlışlığının hiç farkında değillerdi.

Neden bu kadar tepki verdiklerini bir türlü anlayamazdım. Çiftlerin öpüşmesini çok ayıp ve kötü bir şey olarak algılar ama annem ve babamın bize izletmediği bu iğrenç şeye kendileri neden bakıyor, bir türlü anlamlandıramazdım. Çiftlerin birbirine yaklaşmasının, sarılmasının, öpüşmesinin hem iğrenç olduğunu düşünür hem de çok merak ederdim. Ama bu merakımı karşılayacak soruların cevaplarını ailemde bulamazdım. Zaten ailemize bu tarz bir soru sormak ne mümkün! Hemen: "O nasıl bir soru, sen bunu nereden duydun? Bir daha ağzından böyle bir şey sakın duymamayım! bir daha duyarsam döverim seni," diyerek sustururlardı.

Bir kere kendi anne ve babamı yatak odalarında öpüşürken görmüştüm. Odaya birden girdiğim için bana çok bağırmışlardı. Öpüşmek çok iğrenç bir şeydi ve benim annem-babam öpüşüyorlardı. O an ikisine karşı bir tiksinti duyduğumu hatırlıyorum. Bu iğrenç şeyi onlar nasıl yapabilirdi ki? Bana bağırdıklarından dolayı öpüştüklerini gördüğüm için kendimi çok suçlu hissetmiştim. O an yaşadığım duygu ve gördüğüm sahne dün gibi aklımdadır.

Pat diye odalarına girdiğim için çok kızmışlardı ama bana kapısı kapalı bir odaya nasıl girilmesi gerektiğini öğretmemişlerdi ki! Kendileri de bizim odamıza, kapımızı tıklatmadan pat diye girerlerdi. Anne ve babanın dikkat etmediği bir kurala çocuğun uyması beklenilemez. Ailemi o şekilde gördüğüm an keşke daha sakin bir şekilde, odadan çıkmamı isteselerdi. Benim kapısı kapalı bir odaya girmem bir hata ama asıl hata onların vermiş olduğu tepkidir. Verdikleri tepki ile o sahneyi beynime kazıdılar ve kendimi suçlu hissettirdiler. Günlerce o psikoloji içinde çok mutsuz olduğumu hatırlıyorum.

Bir keresinde de anneme "Kızların neden pipisi yok?" diye sormuştum. Annem de "Sen kızların orasına mı bakıyorsun? Terbiyesiz! Bir de neden pipisi yok diye soruyor. Bir daha kızların orasına bakarsan o kızların da babası gelir, seni döver!" demişti. Kendimi ne kadar suçlu hissetmiştim. Kimsenin özel bölgesine özellikle bakmıyordum.

Teyzem, kızının altını benim yanımda değiştirmişti. Ben onun özel bölgesinin benden farklı olduğunu görünce sanki bende bir sorun varmış gibi düşünüp anneme sormuştum. Aldığım cevap karşısında kafam daha çok karışmış ve bu konuların konuşulmasının neden bu kadar ayıp olduğunu anlayamamıştım. Oysa bir sürü sorunun cevabını çok merak ediyordum:

Babaların bıyığı var, annelerin neden yok?

Kadınların memeleri var, erkeklerin neden yok?

Ben dünyaya nasıl geldim?

Annem yanımızda soyunduğu zaman onun çıplak vücuduna büyük bir merakla bakar, kendim de çıplak gezmek isterdim. Öpüşmeyi çok merak eder, annemi yanağından öpmek isteyip dudağını öpmeye çalışırdım. Hatta bir keresinde onun dudağından öpmek istediğimde ağzıma okkalı bir tokat atmıştı. Kendimi o kadar kötü hissetmiştim ki! Öpüşmek bu kadar kötü ise annem neden babamla aynı şeyi yapıyordu. Oysa 4-5 yaşlarındaki her çocuğun bunları merak etmesi ne kadar doğalmış, bunu bir psikolog olduğumda çok iyi anlamış, aileme çok kızmıştım. Bunlar cinsel bir arzu değil, kendimi ve karşı cinsi tanımaya çalışma çabalarımdı. Anlayışlı olup kafamı karıştırmadan bana doğru bilgiyi vermeleri gerekirdi.

Merak ettiğim soruların cevabını ailemden alamayınca ben de farklı yollarla bulmaya çalıştım. Her çocuk aklı erdikçe dünyayı, yaratanını, evreni ve kendi oluşumunu, karşı cinsi merak eder. Ailemin bu konu hakkında üzerimde kurduğu baskı beni daha da meraklandırmıştı. Yaşımız biraz ilerledikçe önce kendi akranlarımız içinde bu soruların cevaplarını bulmaya çalıştık. Bir çocuk başka bir çocuğa nasıl sağlıklı bilgi verebilir ki? Saçma sapan bir sürü şey öğrenmiştim. Hiç unutmuyorum, arkadaşımın biri "Anne ve babalar öpüşünce biz oluyormuşuz," demişti. O an yaşadığım şoku anlatamam. O günden sonra merakım ve ilgim daha da arttı. İnternet hayatımıza yeni yeni girmeye başlamıştı. Bizim de evimizde bir bilgisayarımız vardı ama çocuklar için koruma programı yoktu.

8 yaşındaydım, okuma ve yazmayı biliyordum ve hemen bu tarz şeyleri araştırmaya başladım. Porno ile de ilk o zamanlar tanıştım. İlk gördüğümde çok ürkmüştüm ama yine de ertesi gün çok merak edip yine de izlemiştim. Bende bağımlılık gibi bir şey yaptı. Karşı cinse olan merakım daha da arttı. Sürekli kızların eteklerinin altına bakmaya çalışıyordum. Hatta dokunmak için uğraşıyordum. Tabi anneleri, aileme hemen şikâyete gelirlerdi. Annem ve babamdan bir güzel dayak yerdim. Sonra bir gün porno izlerken babama yakalandım. Beni o kadar çok dövdü ki günlerce yataktan kalkamadım.

Artık kendimi pislik gibi hissediyordum. O günden sonra daha çok içime kapandım. Yanlış arkadaş seçimlerim de o günlerden sonra başladı. Söz dinlemez, ipe sapa gelmez bir çocuk oldum. 10 yaşında iken ilk istismarıma uğradım. Mahallemizin 16 yaşlarındaki bir abisi bizi dergi bakarken gördü. Yanımıza gelip elimizden dergiyi aldı. "Bunlara bakınca ne oluyor len?" diye sordu. Sonra da yanına iki kişi daha geldi. Bizden pantolonlarımızı indirmemizi istediler. Şimdi nasıl erkek olunur onu anlatacağız diyerek bizi istismar ettiler.

Aslında çok korktum. Kendimi çok suçlu hissettim. İğrenç bir şey yapmıştım. Ama bana bunun yapılmasını sırf merakımdan kabul ettim. Yıllarca aile içinde cinsellik iğrenç bir şey olarak gösterildi ve bize hiç sağlıklı bilgiler verilmedi. Biz bu bilgileri kendimizce bulmaya, öğrenmeye çalıştıkça ruhaniyetimize zarar verecek görüntü ve bilgilerle karşılaştık. Merakımız ve bunu deneyimleme arzumuz gittikçe arttı. Konuşulmasına, sorulmasına, merak edilmesine hiç fırsat vermediler.

Hep baskılandık ve susturulduk.

Tabii sadece bu konu değil her konuda böyle büyütüldük. Merak ettiklerimi öğrenmeye çalışırken kendimi çok yanlış bir hayal dünyasının içinde buldum. Ve bunu de-

neyimleme arzum benim istismara uğramama sebep oldu.

Tabii yaptığım yanlıştan aynı hızla geri döndüm. Ama bazı yaşanmış gerçekleri değiştiremiyorum.

SUAT...

***

Cinsellik konuşmak ne kadar büyük bir tabu ülkemizde. Oysa insanoğlu mantar gibi yerden biterek üremiyor ki. Psikolojik ve bedensel gelişimimizin sağlıklı olması ne kadar önemli ise aynı şekilde cinsel gelişimimizin de öyle olması önemli değil mi? Hatta çok önemli. İnsanoğlu bedenini tanımazsa nasıl muhafaza edecektir. Çocuklarınızı karşınıza alın, cinsellik nasıl yaşanır anlatın demiyorum ama çocuklar böyle bir soru ile geldiklerinde ya da şahit olduklarında duygularına olumlu yönde yön verin diyorum.

Nasıl mı? Tabi ki okuyup kendimizi geliştirerek...

ÇOCUKLARDA CİNSEL GELİŞİM VE EĞİTİM

Yaşamın ilk yılı, bebeklerin genital bölgesinin farkına varması ve basit hazlar deneyimleme sürecidir. Bebeğin anne ile kurduğu meme emme ilişkisi çocuğun ilk haz deneyimidir. Çocukların 2 yaşına kadar olan süreçte haz noktası ağızlarıdır. Bu dönemde parmak emme davranışı görülebilir. Bu bir nevi kendi bedenini keşfetme sürecidir. Aslında bu dönemde parmak emme davranışı doğal bir süreçken aileler hemen panikler ve çocuk üzerinde baskı kurmaya başlarlar. Kendiliğinden kaybolacak bu davranış aile baskısı yüzünden pekişir ve çocukta kalıcı davranışa döner. Bu yaş döneminde çocuklar çıplaklıktan inanılmaz haz alırlar. Çünkü bedenlerini sıkan kıyafetler ve bezden kurtulmuştur. Derin bir rahatlama hissetmiştir. Bu yaş döneminde evde kimse yoksa çocuğun bir süre çıplak kalarak rahatlamasına izin verebilirsiniz. Kıyafet seçimini de bol ve çocuğu rahatsız etmeyecek türden yapıp beden konforunu çıplak olmadığı zamanlarda da en üst düzeyde tutmaya çalışabilirsiniz.

Çocuklar ortalama 2 yaşına kadar cinsiyet ayrımının farkında olmazlar. 2-2,5 yaşından sonra insanların iki farklı cinsiyeti olduğunu fark etmeye başlar. Karşı cinsin bedenine ilgi duymaya başlar ve kendi bedenini kontrol edebildiğini anlar. Çocuğun bu dönemdeki aile ilişkileri onun ilk toplumsallaşma deneyimleridir. Bu yaşlarda cinsel gelişimin en önemli özelliği ise çocuğun anne ve babası ile kurduğu ilişki yoluyla karşı cinsle ilişki kurmayı öğrenmeye başlamasıdır ve psikanalizde *ödipal çatışma* olarak da adlandırılır. Bu dönemde kız çocuk babaya daha yakın olmaya çalışır, babanın sevgisini kazanma konusunda anne ile çatışma içerisine girebilir. Babası ile evleneceğini bu dönemde kız çocuklarından sıkça duyabilirsiniz.

Erkek çocuk ise anneye daha yakın olma ve babadan kıskanma eğilimindedir. Baba bu dönemde en güçlü rakibidir. Baba ile anne yan yana oturuyorsa o yüzden çocuklar hemen aralarına girer ve ayırmaya çalışır. İlgi ve alaka hep kendilerine olsun isterler. Bu çatışma; erkek çocukta hadım edilme, kız çocukta ise hem cinsi olan ebeveynin sevgisini kaybetme korkusu ile son bulur ve çocuk zamanla her iki ebeveynle de barış imzalar.

Anne ve babayı yan yana görmek artık ona mutluluk verir. Kara kedi olmaktan vazgeçer. Tabii ki bu zaman diliminde yaşananlar, çocuğun anne ve babası ile kurduğu sağlıklı diyalog, ebeveynlerin verdiği karşılık, ödipal çatışmanın yaşandığı zaman ailenin vermiş olduğu sağlıklı tepkiler, çocuğun ileriki yaşlarda karşı cinsle gireceği ilişkiler için de bir göstergedir.

Ebeveynlerinin birbiriyle kurduğu ilişki de çok önemlidir. Evdeki ebeveynler birbirlerine nasıl davranıyorsa çocuk da karşı cinse o şekilde davranmayı öğrenir. Birbirine saygı gösteren bir ailede çocuk karşısındakine saygı duymayı öğrenir. Kadınların hor görüldüğü bir ortamda yetişen erkek çocuk, kadınları hor görmeyi öğrenecek, kendisinin üstün bir varlık olduğuna inanacaktır ya da tam tersi, annesi tarafından sevilmeyen ve sürekli horlanan bir baba, aile içerisindeki diğer bireylerin bunu bir davranış haline getirmesine sebep olacaktır. Anne-babanın arasındaki sağlıklı ilişki, çocukların karşı cinsle sağlıklı bir ilişki yaşamasını sağlayacaktır.

Çocukların cinsel meraklarının altında yetişkinlerdeki gibi bir dürtü ve haz söz konusu değildir. Ama aileler hem inanışları gereği hem de toplumuzda cinsellik konuşmanın çok ayıp bir şey olduğuna dair inançtan ötürü bu tarz konuşmalara girmek istemezler ve çocuğu genelde susturur ve baskı altında tutarlar. Ayıp, günah gibi kavramlarla bu soruların bir daha sorulmasının önüne geçmeye çalışırlar. Çocuklarda kendi akranlarından öğrendikleriyle daha da yanlış inanışlara sahip olurlar. Kendilerini suçlu hissederler. Aslında yemek, içmek kadar normal bir süreçtir.

ÇOCUĞUN DÜNYASINDA AYIP, GÜNAH YOKTUR; MERAK VARDIR.

Çocuk merak eder ve sadece öğrenmek ister. Sağlıklı bilgiye ulaşmış olan çocuk tatmin olur. Kendi iç dünyası ile öğrendiği bilgiyi sentezler ve düşünce yapısına sağlıklı bir şekilde oturtur. Ailesi tarafından tatmin edildiği için merak ettiği her konuda yine ailesine başvurur, yanlış bilgi kaynaklarına yönelmez.

***

Sıdıka 10 yaşındayken bisiklete bindiği bir gün özel bölgesinden kan gelir. Bazen annesi ve teyzesi aralarında konuşurken özel bölgeden kan geldiğine, bunun adının da hasta olmak olduğuna dair şeyler duymuştur. Ama onlar bu konuları konuşurken fısıldayarak, çocukları yanlarına almayarak,

"Şu an ayıp bir şey konuşuyoruz, siz odanıza gidin oyun oynayın," diyerek Sıdıka'nın zihninde hasta olmanın ayıp bir şey olduğuna dair inancın gelişmesine sebep olmuştur.

İç çamaşırındaki bu kanın ayıp bir şey olduğunu düşündüğünden annesine bir şey söyleyemez. O da artık annesi ve teyzesi gibi hasta olduğunu düşünür. Aradan aylar geçer ama o kan bir daha gelmez. Sıdıka kendisinden 3 yaş büyük bir kuzenine yaşadığı durumu 14 yaşındayken anlatır. O da ona "Kızların çişlerini tuttukları ve bisiklete bindikleri zaman kızlık zarlarının bozulabileceğini söyler." Sıdıka o günden sonra korku içinde yaşamaya başlar.

"Ya benim kızlık zarım bozulduysa, bunu aileme ve evleneceğim insana nasıl anlatacağım, kendimi nasıl ifade edeceğim," diye içi içini yer. İçine kapanık, sessiz bir çocuk olur. Çok geçmeden 16 yaşında da evlenir. Ve korktuğu şey başına gelir, Sıdıka'dan gerdek gecesi kan gelmez. Günlerce ağlayarak kendini eşine ifade etmeye çalışır. Eşi de bu olayı aslında kafasında çok büyütür ama Sıdıka'nın gözyaşlarına dayanamaz. Onun üzülmemesi için genelde bir şey demese de hep bu olayı sorgulamaya devam eder.

Sıdıka 19 yaşında hamile olduğunu öğrenir. Doktora giderler, doktor muayene ederken: "Doğumun normal olursa kızlık zarında yırtılmış olacaktır," der. Sıdıka ve eşi o an şok olurlar. Ne yani Sıdıka hala bakire miydi? Bu nasıl olabilirdi. Doktor onlara açıklama da bulunur: "Bazı kızlık zarları elastik bir yapıya sahiptir ve ilişki esnasında bozulmaz. Sıdıka'nın da kızlık zarı böyle bir yapıya sahip. Özel bir cerrahi müdahale ile ya da normal doğum anında yırtılacaktır."

Sıdıka ve eşi gerekli cinsel eğitime sahip olmadıkları için yıllarca bu konu kendi aralarında problemlere sebep olur.

Sıdıka, ailesinin kadın olmanın getirdiği olağan durumlara ve cinsellikle ilgili konulara ayıp olarak bakmasından, bu konuları konuşmayı çekinmesinden, toplum olarak kızlık zarına çok fazla değer ve anlam yüklenmesinden, eşinin de yeterli cinsel bilgiye sahip olmamasından dolayı en büyük zararı kişiliğine alır.

Toplumsal baskı yüzünden kendini hep eksik ve yetersiz hissedip kendini sürekli eşine ifade etmek zorunda kalmıştır. Bu da Sıdıka'nın daha da içine kapanmasına sebep olmuştur.

Sıdıka'nın ailesi, hasta olmaktan(regl) bahsederken bunun ayıp bir şey olduğunu söylemesi, Sıdıka'nın ailesine bu konu hakkında soru sormasına engel olur. Sıdıka da doğru cevabı ararken yanlış bilgiye ulaşır ve bu bilgi onun hayatını uzun süre olumsuz etkiler. Ailesiyle rahatlıkla bu konuyu konuşabilseydi, yıllarca bu kaygı ve korku ile mücadele etmek zorunda kalır mıydı?

Doğru zamanda verilen sağlıklı bilgi emin olun hayat kurtarır. Sıdıka'nın evlendiği kişi bunu namus meselesi haline getirip Sıdıka'ya çok ciddi zarar verebilirdi. Maalesef hala ülkemizde erkeklerin bakir olması hiç önemli değilken kadınlarımıza bakire olması gerektiğinin ağır yükü taşıtılmaktadır. Eğer bu anlamda bir yük taşıyacaksa insanoğlu, bu yük iki tarafında sırtına yüklenmelidir.

Peki çocuklarımızın sağlıklı bilgiye ulaşmasını nasıl sağlayacağız. İlk kuralımız sağlıklı iletişim kurmak, dinlemek ve sadece çocuğun sorduğu soruyu cevaplamak. Birkaç soru örneği ve cevabını verelim.

Soru: Ahmet'in neden pipisi var, benim yok?

Cevap: Çünkü insanlar kadın ve erkek olarak yaratılmıştır. Kadınların ve erkeklerin vücut özellikleri birinden farklıdır.

Soru: Kadınların neden memesi var?

Cevap: Bebekler dünyaya ilk geldikleri zaman annelerinin memelerinden gelen sütle beslenirler. Kadınlardaki memeler bebeklerini beslemek içindir. Sadece kadınlarda meme yoktur. Doğurma özelliği olan dişi hayvanların da memeleri vardır. Onlarda yavrularını ilk zamanlar memelerinden gelen süt ile beslerler.

Soru: Ben senin nerenden dünyaya geldim?

Cevap: İki bacağımın arasında çocukların dünyaya gelmesi için özel bir delik var. İşte oradan çıkarak dünyaya geldin. Ama o delik özel bölgemde olduğu için sana gösteremem ya da özel bölgemin üstünde küçük bir kesik açtılar ve sen oradan dünyaya geldin, diyebilirsiniz. Hala leylek masalını anlatan aileler var mı acaba?

İkinci kuralımız çocuğumuz ne sorarsa sorsun onu suçlamamak ve korkutmamak.

Yakın bir zamanda arkadaşımın çocuğu kalabalık bir ortamda annesine "Seks ne demek?" diye sordu. Annesi öfke içinde "Sen bunu nereden öğrendin?" diyerek çocuğa bağırdı ve kolundan sıktı. Çocuk ağlayarak yanımızdan uzaklaştı. Çocuğun öğrendiği ve sorduğu kelime anneyi kaygılandırdı. Acaba kötü niyetli biri çocuğuna bunu öğretmiş miydi? Fakat annenin verdiği tepkiden dolayı çocuk bunu nerden öğrendiğini söylemedi. Çünkü anne çocuğuna hem suçlayıcı hem de korkutucu bir üslupla yaklaştı. Çocuk bir daha annesine güvenip bir şey söyler mi? Tabii ki söylemez. Olması gereken, çocuğu sakin bir şekilde bizim yanımızdan uzaklaştırıp farklı bir odada sevecenlikle bu kelimenin anlamanı neden merak ettiğini sormak olmalıydı.

Diyelim ki çocuk bir yerden duydu ve merak edip sordu... Bu kelimenin anlamının aslında kadın veya erkek demek olduğunu yani cinsiyet bildirdiğini aynı zamanda kadın ve erkekler arasındaki çok özel bir durumu ifade ettiğini, bunu anlayabilmesi için biraz daha büyümesi gerektiğini, bu konu hakkında daha fazla konuşulmasının sizi ve insanlar içinde kullanılmasının da başkalarını rahatsız edeceğini söylemesi daha tatmin edici olurdu. Anlamını bilmediği kelimelerin annesine soracağı zaman bunu yalnızken veya kulağına söyleyerek sorması gerektiğini de öğretebilirdi.

Okul öncesi dönemde çocuklar anlamını bilmedikleri kelimeleri veya özel bölgelerimizin isimlerini tekrar etmeyi severler. Çünkü siz böyle durumlarda tepki verirsiniz ve çocuk sizin dikkatinizi çekmeyi başardığı için söylemeye devam eder. Bazı durumlarda tepkisiz kalmak ve duymazdan gelmek en doğru çözüm olur. Pipi diyen çocuğu duymazdan gelmek gibi... Ya da bir anda pijamasını indiren çocuğa tepkisiz kalmak gibi. Bütün aile aynı anda alevlenip telaşe kapılırsanız, o külot uzun süre inmeye devam edecektir.

Çocukların 2 yaşından sonra mastürbasyon yapması da olağan bir durumdur. Yetişkinlerdeki gibi bir cinsel haz alma durumu söz konusu değildir. Aile bunun bilincinde olmayıp çocuğu suçlarsa, bunu bir ayıp, günah gibi gösterirse çocukta farklı psikolojik sorunlara sebep olabilir. Çocuk bunu yapmaktan kendini alıkoyamaz ama bunu her yaptığında kendini suçlu hisseder. Günah işlediğini düşünerek cezalandırılacağına inanır. Kendi akranları ile bunu deneyimlemek isteyebilir.

Odada oynayan iki küçük çocuğu (7yaş altı) bir anda çıplak bulabilirsiniz. Diyelim ki buldunuz... Hemen telaşa kapılmayın. Buradaki amaç yetişkinlerdeki gibi bir cinsel arzu ile soyunmak değildir. Genelde bunu merak ettikleri için yaparlar. Birbirlerini keşfetmek isterler. Anormal olan, çocukların yanlış olduğunu düşündüğünüz bir hareketi yapması değildir, sizin bu olay karşısında vermiş olduğunuz yanlış tepkidir.

Çocuklarda hep bir merak, keşfetme, deneme duygusu vardır. Çocuk neyin doğru ve yanlış olduğunu bilemez. Ama siz böyle kritik anlarda sakin olmayıp öfke ve kaygı içinde yaklaşırsanız çocuk kötü bir şey yaptığına inanır, kendini kötü hisseder, çok utanır ama yine de aynı olayı denemekten vazgeçmez. Çünkü baskılanarak merak duygusu daha da artmıştır. Ya da gerçekten korktuğu için bunu bir daha yapmaz. Siz de zafer kazandığınızı düşünürsünüz ama maalesef kazandığınız bir yenilgidir. Çocukta kendi ve karşı taraftaki kişilerin bedenine karşı yanlış inanışlar oluşturdunuz. Çocuk bunu ilerleyen yaşlarda kontrolsüz bir şekilde yeniden deneyimlemek isteyecektir. Çünkü siz o an gerekli mahremiyet eğitimini vermediniz.

Doğru olan sakin bir şekilde neden soyunduklarını sormaktır. Muhtemelen sizin verdiğiniz tepkiden dolayı suçluluk psikolojisi hissettiğinden "O söyledi, ben soyundum," diyerek kendilerini aklamaya çalışacaklar ya da "Oyun oynuyorduk veya merak ettik," diyeceklerdir. Bir ihtimal de böyle bir sahneye şahit oldukları için bunu deneyimleme arzusu ile hareket etmiş olabilirler.

İki küçük çocuğun birbirini gözetlemesi, özel bölgelerine bakmaya ve ellemeye çalışması istismar değildir.

Böyle bir olayda sakın suçlu aramayın. Çocukları dinledikten sonra sakin bir şekilde onları da anladığınızı belirterek uygun konuşmayı yapmanız gerekiyor.

"Birbirinizin vücudunu neden merak ettiğinizi anlıyoruz ama kıyafetlerimizi tamamen soyarak oyun oynamamız doğru değil. Çünkü bazı bölgelerimiz bize özeldir. Sadece kendimiz görebiliriz. Bir de özel durumlarda sen de izin verirsen ailen ve ailenin yanında onun izin verdiği kişiler. Bütün kadınların özel bölgeleri veya bütün erkeklerin özel bölgeleri aynıdır. Yani aynı cinste olan insanların bedenleri birbirine benzer. Sadece kadın ve erkek gibi farklı cinslerin özel bölgeleri birbirinden farklıdır," gibi bir açıklama yapabilirsiniz.

Bazı durumlarda da bir maket ya da oyuncak bir bebek üzerinden farklılığı gösterebilirsiniz. Zaten doğru bir mahremiyet eğitimi almış çocuk akranlarının yanında bile oyun amaçlı da olsa tamamen soyunmayacaktır. Genelde bu durum mahremiyet algısı oluşmamış çocuklarda gözlemlenir.

Burada yapılacak en büyük hata çocuklara bağırmak, kızmak ve suçlamaktır. "Bunu nereden öğrendin," diye baskı kurmaktır. Şimdi en kötü ihtimali değerlendirelim. Çocuklardan biri cinsel istismar edildi, bu yüzden arkadaşının yanında soyundu ve onun da soyunmasını istedi. Siz kaba bir şekilde çocuğunuza yaklaşırsanız bu kötü sırrı çocuk size açıklar mı? Kesinlikle açıklamaz. Zaten yaşadığı şeyden dolayı kaygılıdır, bir de siz üzerine öfke ile yaklaşırsanız asla size karşı açık olmayacaktır. Siz de bu kitapta anlatılan olaylardaki örnekler gibi çocuğunuzu istismar karşısında susturan faktör olacaksınız.

Çocuklar nasıl aşama aşama büyüyor ve gelişiyorsa, cinsellik de çocuklara aşama aşama öğretilmesi gereken bir mevzudur. Bu konuda size sorulan sorulara kesinlikle eleştirmeden, ayıplamadan, susturmadan yaşına uygun bir şekilde cevap vermeniz gerekir. Öpüşen bir çift gördüğünüzde "ığğ iğrenç, terbiyesizler ulu orta yaptıklarına bakın," derseniz çocuk bunun iğrenç bir şey olduğunu düşünür. Olur da sizi bu şekilde görürse sizi ve kendini suçlar. Karşı cinse karşı olumsuz bir tavır takınır.

Bu durumun ulu orta yapılmasını da olağan göstermeyin. Televizyon izlerken veya sokakta böyle birini gördüğünüz an, çocuk da buna şahit olup size ne yaptıklarını sorarsa "Arkadaşını/eşini öpüyor. Ama bu öpücük YETİŞKİNLER arasında özel bir öpücüktür. Nasıl özel bölgelerimizi her yerde açmamız doğru değilse, bu öpücüğün de büyük insanlar arasında gizli olmalıdır. Televizyon ekranlarında veya sokakta bu şekilde öpüşmek doğru değildir. Çocuklar dudaktan öpüşmez. Birbirlerinin yanaklarından öperler."

Şu an belki "Ama biz çocuğumuzu dudağından öperek seviyoruz," diyenler olabilir. Kesinlikle doğru değildir. Hem çocuğun mahremiyet algısını bozar hem de dudaktan öpmek çocuk için olağanlaşır. Bu olağanlaşma duygusundan dolayı, biri tarafından art niyetle öpülmek istediği zaman bile çocuk buna izin verir. Çünkü ailesi onu dudağından öperek seviyordur. Üstelik bağışıklık sistemi tam gelişmemiş çocuğunuza çeşitli hastalıklar bulaştırabilirsiniz.

Bazen bize sorulan sorular karşısında tıkanır, o an ne cevap vereceğimizi bilemeyiz. Öyle anlarda da çocuğa: "Sorduğun sorunun cevabını şu an bilmiyorum ama senin için araştırıp mutlaka öğreneceğim ve bu bilgiyi seninle paylaşacağım," demeliyiz. Çocuğu geçiştirmek ve duymazdan gelmek doğru olmaz.

Cinsel eğitimde önemli bir kuralda çocuğun merak ettiğini onun seviyesine uygun olarak anlatmaktır. Çocuk soru sormadan, merak etmeden cinsel eğitim vermeye çalışmak, acıkmamış çocuğa zorla yemek yedirmeye benzer. Yani gereksiz ve fazla bilgi çocuk da hazımsızlığa sebep olabilir. Çocuk eğer size rahatsız edici ve seviyesine uygun olmayan bir soru sorduysa bu konu hakkında konuşmak sizi rahatsız ettiğini söyleyebilirsiniz.

Son olarak da size cinsel eğitimin ve mahremiyet eğitiminin toplum olarak neden öğrenmemiz gerektiğinin örneğini vermek istiyorum.

Kerem arkadaşında olduğu bir gün arkadaşı Kerem'in özel bölgesine dokunmak istemiş. Kerem buna izin vermemiş ve hemen arkadaşının babasına durumu bildirmiş. Kerem'i almaya gittiğimde yaşanan olayı bana anlattılar.

"Biz ikisi ile de konuştuk, sen bir daha böyle bir şey söyleme," dedikleri için müdahalede bulunmadım ama eve gidince Kerem'in bu olayı bana anlatmaması beni rahatsız etti. Çünkü onu rahatsız eden bir durum olduğu zaman daha beni görür görmez anlatırdı. Gece yatmadan önce konuyu kendim açtım ve Kerem'e neden bana anlatmadığını sordum.

"Kazım Amca arkadaşıma kızdı," dedi. Kazım, bunun doğru olmadığını öfkeli duygularla anlattığı için bu da oğlumun yanlış bir duyguya kapılmasına sebep olmuş. "Belki sen de arkadaşıma kızarsın, bir daha onunla görüşmemi istemezsin," diye düşündüm, dedi. Çünkü benimle böyle bir tecrübe yaşamadı, böyle bir durum karşısında tepkimi ölçemedi aslında bana güveniyor ve her konuyu rahatlıkla konuşurken başına gelen bu olayda arkadaşının babasının tepkisi yüzünden yaşanılan şeyin kızılacak bir şey olduğunu düşünüp kafası karıştı. Ona kızmamdan değil arkadaşına kızmamdan çekindiği için o an anlatmadı. Çünkü arkadaşını çok sevdiğinden ve arkadaşı ona dokunurken oyun kurdukları veya merak ettikleri için, yetişkinler gibi art niyet beslemediklerinden dolayı da koruma içgüdüsü oluşturdu. İşte bu yüzden aile olarak değil toplum olarak bu konuda çok bilinçli olmalıyız. Çünkü çocuk yanlış dokunuşu hissettiği an yardım istediği kişi çok sakin olmalıdır. Yardım istenilen yetişkin yanlış tepki verirse çocuk kendi ailesine anlatmaktan, aynı durum karşısında yeniden yardım istemekten çekinebilir.

“BANA DUYGULARIMIN KELİME KARŞILIĞINI ÖĞRET”

Çok küçük bir çocukken kızdığımda, üzüldüğümde, kırıldığımda hep ağlardım. Çünkü başka türlü bir iletişim yöntemi bilmiyordum. Ağladığım için de ailem tarafından suçlanırdım. Aile içi mevzular bizim evde konuşularak halledilmezdi. Babam genelde üzerimizde baskı kurar, annem ise sessiz kalırdı. Babamdan korktuğumuz için biz, bütün aile sessizliğimizi hep muhafaza ettik. Annem de "Aman babanız duymasın, aman babanız kızmasın ya da bak babana söylerim sizi," diye diye bizi daha da susturdu. Sadece aile içinde değil, sokakta, okulda, mahallede hep sessiz kaldık. Hem sindirildiğimiz için hem de kendimizi nasıl ifade etmemiz gerektiği öğretilmediği için.

Ne duygularımın kelime karşılığını öğrenebildim ne de bunları ifade edebilmeyi... Mahallenin büyük abileri bana laf atar, kızdırır, itip kakarlardı. Ben ya sessiz kalırdım ya da hemen ağlamaya başlardım. Çünkü burada yaşadığım duygunun kelime karşılığının "Bu abiler beni kızdırdı, ben bundan rahatsız oluyorum," olduğunu bilmiyordum. Kendimi, "Bana bu şekilde davranamazsın, izin vermiyorum, devam edersen aileme söyleyeceğim," diyerek koruyamıyordum. Biri elimden oyuncağımı alınca yine ağlardım. Üzülürdüm ama ben "Üzüldüm," diyemezdim. İçimde hissettiğim her olumsuz duyguda ağlamayı tercih ederdim. Kendimi en iyi ifade ettiğim yöntem ağlamaktı. Ama her ağladığımda ailem buna tahammül edemez onlar da bana kızarlardı ve ben daha çok ağlardım.

Babam çok sert biriydi. Bizimle hiç konuştuğunu hatırlamıyorum. Ne zaman bir hata yapsak hemen bağırır, kızar ve döverdi. Annem de babamın bu sert ifadesi altında ezilmiş bir kadındı. Kendi hakkını bile koruyamazken bize hakkımızı korumayı, kendimizi ifade etmeyi nasıl öğretsin.

Bu kadar kendini ifade etmeyi bilmeyen ve ailesi tarafından dinlenilmeyen bir çocuk olarak zamanla içime iyice kapandım. Yaşım büyüdükçe gözyaşlarım dışarı değil, içime akmaya başladı. Kimsenin karşısında konuşamazdım. Biri bana soru sorduğunda hemen heyecanlanır, titremeye başlardım. Yüzüm kızarır, heyecandan sırtımdan ve alnımdan terler akardı. Çünkü babamın sert tutumu, annemin sürekli ezilmesi benim bütün güvenimi kırmıştı.

Zamansız budanan bir ağaç gibiydim. Ne zaman kendime güvenip gökyüzüne doğru bir dal uzatmaya kalksam bunu önce babam sonra da annem kırdı. Ben de zamanla dallarımı uzatmaktan vazgeçtim. Büyüyemeyen, dallarını özgürce gökyüzüne doğru uzatamayan bodur bir serviydim artık.

9 yaşındayken amcam bizimle kalmaya başladı. Amcam babam gibi değildi. Şakacı, güler yüzlü ve benimle vakit geçiren biriydi. Babamda görmediğim ilgi ve sevgiyi amcamda gördükçe ona içten içe çok bağlandım. Babamın bende bıraktığı bu büyük boşluğu amcam ilgisiyle doldurdu. Bana ne söylese hiç tereddütsüz yerine getirirdim. Dallarımı babama doğru uzatamadım ama amcama doğru uzatmaya başlamıştım. Babamdan görmediğim sevginin boşluğunu amcam ile doldurmaya çalışıyordum.

Amcam evde kimsenin olmadığı bir gün "Bak şimdi, sen artık büyüyüp koca bir adam olacaksın. Senin yaşındaki erkeklerin bilmesi ve öğrenmesi gereken şeyler vardır," diyerek beni istismar etti.

Amcamı o kadar çok seviyordum ki o gün bana anlattığı her şeye inandım. Babamın nasıl bir insan olduğunu çok iyi biliyordu ve bu durumu bana karşı çok iyi kullandı. Ben 13 yaşıma kadar bana yapılan her şeyin çok normal olduğuna inandım. Bunların çok normal olduğunu, aslında babamın öğ-

retmesi gerektiğini ama kötü bir babaya sahip olduğum için bunları bana öğretmediğini fakat duyarsa da çok kızacağını söyledi. Ben o çocuk aklımla amcamın söylediği her şeye inandım. Amcama o kadar çok güveniyordum ki babamın neden kızacağını bile sorgulamadım.

Erkek adam olmam için bunları yapmam ve bana yapılmasına izin vermem gerekiyordu. 13 yaşından sonra bazı şeyleri arkadaşlarımdan ve okuldan öğrendikçe nasıl bir şey içinde olduğumu anladım. Ama anladığım gün nasıl davranmam gerektiğini bilemedim. Bana bunları yapan ve yaptıran amcam olacak şahsa karşı sonsuz bir güvenim ve sevgim vardı. Hepsi bir günde alt üst oldu. Duygularım, hayatım, inancım, sevgim hepsi yıllardır kullanılıyormuş.

Bunları yaşamama sebep olan başkahramanlar ailemdi. Kendimi ve duygularımı tanımama hiç fırsat vermediler. Babam bir birey olarak hiç görmedi. Hep ezerek baskı altında tuttu. Annem de buna sessiz kaldı. Benimle paylaşılması gereken hiçbir bilgiyi bana anlatmadılar. Annelik ve babalık görevlerini yerine getirmediler. Sevmediler, saymadılar, duygularımı ve bedenimi bana tanıtmadılar. Bir kız veya erkek çocuğu ergenliğe girerken ailesinin en önemli görevi ona bedenini tanıtmak ve oluşabilecek değişikleri anlatıp bunlarla nasıl başa çıkabileceğini göstermektir.

Amcam olacak şahıs beni ilk istismar etmeye başladığında bir gün babama "Oğlun artık erkek oldu. Ben, ona bunun bütün ayrıntılarını anlattım," dediğinde babam sadece kahkaha atarak yanıt verdi. Babamın bu tepkisi bana yaşatılan her şeyi gözümde daha da normalleştirdi. Bir baba "Ne demek erkek oldu, bu ne demek şimdi!" diye sorgulamaz mı? Hadi ilk ergenlik belirtisini verdiğimi düşündü, beni kenara çekip bu konu hakkında konuşamaz mı? Amcam olacak şahıs o kadar uyanıktı ki bu cümleleriyle babamın da dikkatini çekmeden yaşadıklarımı gözümde normalleştirdi. Babamın attığı kahkaha belki benim ilk ereksiyon deneyimimi yaşadığımı düşünmesindendi ama benim için boynuma takılan bir ipti. Diyelim ki böyle düşündü, yine de baba olarak amcam denilen şahsa "Sen nereden biliyorsun?" diye sorması gerekmez miydi?

Babama göre gerekmezdi işte. Onun başına dert olmayalım yeter.

İstismara uğradığımı anladığım ilk anlarda bir şey yapamadım. Nasıl ifade etmeliydim, kendimi nasıl korumalıydım bilmiyordum ki. Öğretilmedi... Fırsat verilmedi...

Sözlü olarak bir şey diyemedim ama hareketlerimle bundan sonra yaşayacaklarımı istemediğimi belli ettim. O şahısta bunu fark etmiş olacak ki beni bir daha zorlamadı. Sanki hiçbir şey olmamış gibi hayatına devam etti. Yaşadığım her şeyi zihnimde bir yerlere gömdüm.

Artık o sessiz çocuk gitmiş yerine asi, hırçın biri gelmişti. Etrafımdaki bütün kızlara kötü davranmaya başladım. Kendi kız kardeşim olmak üzere cinsiyeti bayan olan hiç kimseyle tek kelime etmek istemiyordum. Sürekli kavga ediyor, başka erkek çocuklarını döverek kendimi kanıtlamaya çalışıyordum. O sıralarda babamı bir trafik kazası sonucu kaybettik. Annemle birlikte onun ailesinin yanına döndük. Artık amcam denilen şahıs ve babam hayatımızda yoktu. Ama ben hala bütün kadınlardan nefret ediyordum. Kimse neden nefret ettiğimi sorgulamadı. Hırçınlığımı, öfkemi, kavgacı tavrımı kimse önemsemedi. Mahallenin tipik serseri çocuğuydum artık. O arada liseye geçince okul hayatıma devam etmedim. Sigara içiyor, alkol alıyordum. Birileri ile çetecilik oynamak hoşuma gidiyordu.

Bu arada annem ile ilişkilerimiz biraz daha düzeldi. Baba faktörü ortadan kalkınca annem rahatlamış olacak ki bize karşı sevgisi ve ilgisi az da olsa olumlu yönde değişmeye başladı

18. yaş günümde mahalledeki erkek arkadaşlarımla buluşup bir kutlama yapacaktık. Bana bir sürprizleri olduğunu söyleyerek yalnız kalan bir arkadaşımızın evine çağırdılar. Gittiğimde daha önce hiç görmediğim bir kadınla karşılaştım. İki erkek arkadaşım, ben ve o bayan oturduk, yedik, içtik... Gecenin ilerleyen saatlerinde bu bayanın benim için getirilmiş bir hayat kadını olduğunu öğrendim. Kadınlara karşı içimde inanılmaz bir öfke duygusu besleyen ben, hemen itiraz ettim. Arkadaşlarım hem alkolün etkisi hem de onlara göre bir erkeğin böyle bir şeye itiraz etmesinin şaşkınlığı ile ileri geri konuşmaya başladılar. Birkaç senelik tanışıklığımızın olduğu bu grup, kadınlara karşı olan öfkemi biraz da olsa bilirler ama çok üstüne düşmezlerdi. "Kendini eşine saklıyor," diye arada espri yaparlar, bu konu hakkında konuşmazlardı. Ama bugün her zamankinden daha ısrarcı davranarak benimle dalga geçmeye başladılar.

Duyduğum rahatsızlıktan dolayı orayı terk etmek istedim. Tam kapıdan çıkarken duyduğum söz, beynimde bir alev yaktı:

"Oğlum gey misin sen? Bilseydik ona göre birini getirirdik."

Arkamı nasıl döndüm, mutfaktan o bıçağı nasıl aldım ve en yakın arkadaşımın bacağına nasıl sapladım, hatırlamıyorum...

Sinir krizi geçirmiş, sonra da bayılmışım. Gözlerimi açtığımda hastanedeydim. Başımda annem ve kız kardeşim ağlıyor. Ne olduğunu sorduğumda en yakın arkadaşım Ahmet'i, yaraladığımı söylediler. İnanın şu an bile o ana dair aklımda bir görüntü yok. Sadece beynimde çınlayan bir ses: "Oğlum gey misin sen, gey misin, gey misin?"

Hıçkıra hıçkara ağlamaya başladım. Kolumdaki serum şişesini fırlatıp attım. İğneyi kolumdan sökerek çıkardım. Bağıra bağıra "Ben gey değilim," diye kaç dakika ağladım bilmiyorum.

Herkes beni sakinleştirmeye çalışıyordu ama ben bir türlü sakinleşmeyi başaramıyordum.

Bu hastanenin duvarlarını yıkmalıydım, elime geçen ne varsa hepsi parçalanmalıydı... Yıllarca beynime hapsettiğim, asla özgürleştiremediğim, özgürleşmeye çalıştıkça yeniden karanlık kuyulara attığım, hayatıma dair unutmak istediğim anlarım vardı. İçimde sevgiye dair ne varsa, dirildikçe yeniden gömdüm. Ben, benimle yüzleşmemek için yıllarca karanlık bir dünyada yaşadım.

Yıllarca aynada kendi gözlerimin içine korktuğum ve utandığım için bakamadım. Kendimi bir kadın gibi hissetmemek için bütün kadınlardan nefret ettim. "Bana kadınlık yaptın," diyen amcamı öldürmemek için ben, kendimi öldürdüm. Erkekliğimi kanıtlamak için yıllarca vurdum, kırdım, döktüm. Evrenin sonsuzluğunda ben de yok olmalıydım. Ben tam 4 sene amcamın tecavüzüne uğrarken bunu kimse anlamadıysa bütün dünya yıkılmalıydı. İçimde biriken ne varsa volkan oldu, patlıyordu. Lavlarım kime sıçradıysa ona zarar veriyordu ama ben bir türlü püskürmekten vazgeçemiyordum. İçimdeki depremin şiddeti çok büyüktü. Dünyayı yerinden oynatmalıydım. Bütün binalar yıkılmalı, herkes altında can vermeliydi...

Sonra yine gözlerimi açtım. Ellerim, kollarım, bacaklarım bağlı... Kafamda her şey yine bulanık. Ve yine o sözler: "Oğlum sen gey misin, gey misin, gey misin?" Artçı depremler başla-

dı yine zihnimde. Sarsıntılar derinden yavaş yavaş yeryüzüne doğru yükseliyordu. İçimde hâkim olamadığım bir öfke ve bu öfkenin verdiği güç beni kontrolden çıkarıyordu. İlki kadar yıkıp yerle bir etmesem de verdiği ıstırap yüreğimde yeni bir volkan patlatıyordu. Avazımın çıktığı kadar bağırmak istiyordum... İçimdeki ateşi püskürtmeliydim. Sonrası yine belirsiz...

Gözlerim beyaz bir tavana yine açıldı. Saat kaç, neredeyiz, güneş doğdu mu, yeniden battı mı bilmiyorum. Derin bir sessizlik. Depremin verdiği zarar konuşuluyor, enkaz altından ölmüş duygularım çıkarılmaya çalışıyor. Bazı duygularımın kellesi kopmuş, kiminin kolu bacağı... Başımda bir doktor geri döndürmeye çalıştığı duygularıma suni teneffüs ve kalp masajı yapıyor ama anlamsız... Duygularım geri dönmüyor...

Sadece uyuyorum ve geri uyanıyorum. Artık beynim uyuşturulmuş gibi. Her gözümü açtığımda felç olmuş duygularımla kalkıyorum. Hiçbiri hareket etmiyor. Deprem artık etkisini kaybetmiş, artçılar bile hissedilmiyor. Galiba enkaz altından duygularım felç kalmış şekilde kurtarıldı diyorum... Derin bir sessizliğe boğulup yeniden uyuyorum...

Aradan sanki yıllar geçmiş gibi yine uyandım. Elim kolum çözülmüş. Sakin ve dingin bir haldeyim. Ne olduğunu anlamaya çalışıyorum ama o kadar yorgunum ki vazgeçip susuyorum. Annemle sadece göz göze geliyoruz. İkimizde derin bir sessizliğe boğuyoruz birbirimizi. Nereden nasıl başlanır ki? Hangi cümleler ile sormalı, konuyu ilk kim açmalı ikimizde bilmiyoruz. Daha önce birbirimizin yaralarını hiç dinlemedik ki...

Konuşmaktan vazgeçip gözlerimi tavana dikecekken annem elleri ile yüzümü tuttu, kafamı kendine çevirdi ve "Beni affet," diyerek boynuma sarıldı. Annem lavanta çiçekleri gibi kokuyordu. Uzun yıllardan sonra ilk defa kokusunu çok derinden hissettim. Yıllarca görmediğim birine kavuşmuş gibiydim. Ben bu kokuyu bu kadar yakından almayı ne uzun zaman olmuş oysa...

İkimiz de sustuk... Konuşacak ne çok şey vardı bana göre. Anne, diye tam söze başlayacakken parmağını ağzıma getirerek: "Sus, ben her şeyi biliyorum. Kendini sakın yorma, dinlen," dedi. Üç yaşında komşunun camını kırdığı için korkudan annesinin bağrına sığınmış bir çocuk gibi hissediyordum kendimi. Meğerse anlaşılmaya ne kadar aç kalmışım...

Yaşadığım her sinir krizinde farkında olmadan bana yapılanları haykıra haykıra anlatmışım. Geçirmiş olduğum ağır travmadan dolayı 3-4 gün boyunca da uyutulmuşum. Sonrasında psikolojik tedavi süreci başladı. Bir yıl boyunca da devam etti. Doktorun ve annemin cesaretlendirmesi ile amcam olacak şahsa dava açtım. Ama aldığımız cevap: ZAMAN AŞIMI.

Yaşadıklarımı zaman aşımına uğratıp suç olmasına engel olan yıllar, benim duygularımı zaman aşımına uğratıp iyileştiremedi. Ben her gece kafamı yastığa koyduğumda sen erkeksin diye telkinler vererek uyudum. Kafamdan, zihnimden yaşadığım her şeyi silmek için mücadele verirken yaşadıklarım beni, kör bir kuyuya atarak daha da boğdu. Bataklıkta çırpınan bir kuş misali çırpındıkça daha da battım. Sesimi çıkaramadım. Kanadı kırık, sesi çıkmayan bir kuş misali battıkça battım.

Şimdi söyleyin, zaman neyi aştı?

Annem sanki sihirli bir değnek değmiş gibi çok değişmişti. Dava açmam konusunda beni çok destekledi. Sonuca ulaşamadım ama yıllarca önce kaybettiğim anneme ulaşmıştım.

Şimdi ben de bir babayım. 4 yaşında bir oğlum, 2 yaşında da bir kızım var. Konuşmaya ilk başladıkları an onlara duygularını nasıl ifade etmeleri gerektiğini öğrettim. Hangi durumlar kızgınlık, öfke, mutluluk, mutsuzluk, şaşkınlık, korku, kaygı ifade eder tek tek ders çalıştırır gibi çalıştırdım. Hayatın içinden örneklerle yaşatarak öğrettim. Mesela ağlıyorsa ve ben çocuğumun arkadaşı oyuncağını aldığı için ağladığını biliyorsam: "Arkadaşın oyuncağını aldığı için üzüldün, sanırım biraz da kızdın. Senin yerinde ben olsaydım ben de üzülebilirdim. Ama aynı zamanda gider bu duygumu ve düşüncelerimi arkadaşımla paylaşırdım. Oyuncağımı izinsiz alman hoşuma gitmiyor. Bu beni hem üzüyor hem de kızdırıyor. Oyuncağımı bir dahaki sefere izinsiz alma, derdim. Böyle yapınca hem sen üzülmemiş olursun hem de arkadaşın ha-

tasını anlar." diyerek onun duygularını tanımasına ve ifade etmesine olanak sağlıyorum.

Her zaman onları dinliyorum, ev içinde alınması gereken bir karar varsa mutlaka: "Siz ne düşünüyorsunuz?" diye sorarak fikirlerini beyan etmelerine fırsat veriyorum. Söylediklerini saçma ve anlamsız da bulsam, bunun asla böyle olduğunu söylemiyorum.

"YİNE NE SAÇMALIYORSUN, ANLATIYORSUN, GÜLÜYORSUN, AĞLIYORSUN," ASLA DEMİYORUM, DEMEYECEĞİM.

Mutluluğunu ve üzüntünü benimle paylaş, birlikte gülüp birlikte ağlayabiliriz; fikirleriniz ve siz benim için çok değerlisiniz. Şartlar ne olursa olsun ben sizi her zaman dinlemeye hazırım ve her şartta sizin yanınızdayım. Siz bana sonsuz bir güvenle bağlanabilirsiniz. Kendi bedeninizle ve gelişiminizle ilgili neyi merak ediyorsanız benimle konuşabilirsiniz. Yaşınıza ve gelişiminize uygun gerekli bütün cinsel eğitimleri vereceğim. Kendime çok büyük sözüm var. Baba gibi bir baba olacağım...

BERK...

***

UNUTMAYALIM...

Çocuklarınızı en çok; gereksiz yere saçmaladığını, bağırdığını, ağladığını düşündüğünüz anlarda dinleyin. Çünkü bu anlar kilit durumlardır. Çocuğun iç dünyasında ne yaşadığını bilmeden bir de siz tepki verirseniz, çocuk tamamen kendini size kapatabilir.

"Ne saçmalıyorsun yine!"

"Bu ne biçim bir laf!"

"Çocuğum sen aptal mısın?"

"Bunu nereden öğrendin yine!"

"Milletin çocuğu zekâ küpü, bizimkiler de yağ küpü..."

"Her halta ağlayıp durma!"

...gibi sözlerin çocuk için anlamı, seninle iletişime kapalıyım demektir. Çocuk belli bir süre sonra sizden uzaklaşır ve bir daha iletişime geçmek istemeyebilir.

İSTİSMARA SADECE ÇOCUKLAR UĞRAMIYOR

Maalesef dünyada birçok kadın duygusal, fiziksel ve cinsel istismara maruz kalmaya devam ediyor. Çocukların sessiz kaldığı istismara, bazen toplum ve aile baskısı yüzünden yetişkin insanlar da sessiz kalabiliyor. İş yerinde patronu, çalışma arkadaşı; aile içinde akrabaları ve eşi tarafından istismara uğrayan o kadar çok kadın var ki!

Dünyada birçok kadın, bütün istismar çeşitlerinde olduğu gibi cinsel istismara da sessiz kalıyor. Bu kadınlar eşine-çocuklarına, anne-babasına, akrabalara, komşulara, kendini doğru ifade edememekten korkuyor. Onları kaybetme kaygısı yaşadığından, istismarı ailesiyle paylaşırsa, aile bireylerinin karşı tarafa zarar vererek başını belaya sokmasından, yanlış anlaşılmaktan çekiniyor. Bundan dolayı da yaşadığı istismara sessiz kalıyor.

İstismara uğramış bir çocuğu susturan sebepler, maalesef istismara uğramış yetişkini de susturuyor.

Bir okuyucumuzun benimle paylaştığı hikayesini, ben de sizinle paylaşmak istiyorum.

Gülsüm 19 yaşındayken, küçük bir tekstil fabrikasında işe başlıyor. Patronu tarafından daha ilk günlerden itibaren sözlü tacize maruz kalıyor. İlerleyen günlerde tacizin boyutu artıyor. Ailesine ve nişanlısına bu durumu bir türlü anlatamıyor ve iş yerinden de ayrılamıyor. Çünkü patronu, onu sürekli tehdit ediyor.

"Eğer işe gelmezsen, senin benimle birlikte olmak istediğini, sürekli telefonla arayarak, mesaj atarak, hatta odama gelerek beni rahatsız ettiğini söyler, rezil ederim. Seni de bu yüzden işten çıkarttığımı söylerim," diyor. Gülsüm bu tehdide boyun eğmek zorunda kalıyor. Çünkü küçük bir yerde yaşıyor. Fabrika da çalışanların çoğu da tanıdık. Patronunun atmış olduğu iftiralar nişanlısının, ailesinin kulağına giderse "Akrabalar ve komşular duyar, rezil olurum. Kimseye kendimi inandıramam," diye düşünüyor. Nişanlısından, nişanlısının ve kendi ailesinden alacağı tepkiden korkuyor.

Gülsüm yaşadıklarını anlatsa insanlar ona inanacak değildi ya! İnansalar bile akıllarının bir köşesinde hep bir acaba kalacaktı. Zengin, fabrika sahibi, evli birine mi inanırlar, yoksa kendi halinde 19 yaşında ki genç kıza mı?

Patronu evli olmasına rağmen taciz etmekten ve iftira ile genç kadını orada tutmaktan çekinmiyor. Çünkü toplumumuz yanlış inanışlara sahip olup gerekli duygu ve ahlak eğitimi konusunda yetersiz kalıyor. Bir erkek, kadın tarafından taciz edildiğini söylese: "Sen manyak mısın? Kadın sana yürümüş, daha ne istiyorsun? Bu fırsatı değerlendireceğine bir de şikâyet mi ediyorsun!" deriz. Bahsi geçen kadın hakkında hemen önyargılar oluşturur, anında adını kötüye çıkarmak için elimizden geleni yaparız. Bir daha o kadının kendini aklamasına asla izin vermeyiz. Olayın gerçek olup olmadığına bakmayız. Çamuru atarız, izini de üzerinde bırakmak için elimizden geleni yaparız. Başına bunların geleceğini bilen, iftira uğramak üzere olan kadın da yaşadığı tacize ve atılmak istenilen iftiraya sessiz kalır.

Kadın, bir erkek tarafından taciz edildiğini söylediğinde ise toplum ve aile olarak "Sen kuyruk sallamasaydın, o adam bunları yapamazdı. Kim bilir nasıl bir açık kapı bıraktın ki, adam o aralıktan içeri girdi. O adama kesin sen cesaret verdin," deriz. Üstelik bahsi geçen erkeği sadece çapkın etiketi yapıştırarak kınarız. Bu kelime de erkeği hiç rahatsız etmez, üstüne bir de egosu okşanır. Çünkü erkek yapınca çapkın, kadın yapınca…

Çünkü erkeklerin bir namusu yoktur; ama kadınların vardır.

Sürekli kadınları tembihlediğimiz, erkeklere ise hiç yaklaştırmadığımız namus kavramı maalesef kadınların en büyük susma sebepleridir. Kadınlar kadar erkeklere de namuslu olmanın sorumluluğunu öğretseydik, birçok kadını da istismardan korumuş olurduk. Bir de namusun sadece cinsellikten ibaret olmadığını anlasaydık...

İşte Gülsüm bu çarptırılmış toplumsal inanışın maalesef kurbanı olur. Çünkü kadının başına böyle bir şey geliyorsa o mutlaka kadının suçudur. Biz toplum olarak namusu sürekli kadının boynuna beyaz bir kâğıt olarak astığımız için en ufak bir şeyde de hemen üstünü karalamak isteriz. Ve bizim namustan anladığımız kadının bekâretinden ibarettir.

EĞER KIZLIK ZARI BİR NAMUS GÖSTERGESİ İSE SİZCE ALLAH, NAMUSLU OLMAYI SADECE KADINA MI EMRETMİŞTİR? Erkeğin bununla ilgili verecek bir hesabı yok mudur? Üstelik Allah kadını kızlık zarı ile, namuslu olup olmadığı belli olsun diye değil belli bir yaşa kadar vajinanın içine mikrop girip hastalığa yol açmasın diye yaratmıştır.

İnsanları kadın, kız, dul, bekar, evli diye kategorize etmek yerine; sadece insan olarak değerlendirmek, toplumumuzun istismardan korunması için en önemli ayrıntı olacaktır.

Namus vücudumuzdan gelen birkaç damla kan değildir. Namus bizim hayata, insanlara ve olaylara karşı duruş şeklimizdir. Haram yememek, insanları kandırmamak, yalan söylememek, hakka girmemek, kimsenin malına, parasına, mahremiyetine göz koymamaktır. Mazlumu ve güçsüzü korumaktır. Sevmek, saymak, sahip çıkmak, **SEVDİĞİNE SADIK KALMAKTIR.** Emanete ihanet etmemektir. Helal yoldan para kazanmak, kazandığın parayı da helal yolda harcamaktır. Namusun ne demek olduğunu anlayıp, yetiştirdiğimiz evlatları da namusun birkaç kan damlasından ibaret olmadığını anlatırsak, namussuzluğun getirdiği tehlikeden hem kendimizi hem çocuklarımızı hem de gelecek nesilleri korumuş olacağız.

Gülsüm sustu! Çünkü ailesinin ve nişanlısının onu namussuzlukla suçlamasından, çevrenin bu olayı duymasından, nişanlısının onu terk etmesinden veya ailesinin karşı tarafa zarar vererek başlarının belaya girmesinden korktu.

Gülsüm'ün ailesi ve nişanlısı, tacize uğrayan kadının psikolojik desteğe ihtiyacı olduğunun ve yasal yollarla hakkını araması gerektiğinin bilincinde olsaydı... İletişime açık, duygu kontrolü olan, namusun sadece cinsellikten ibaret olmadığını bilen kişiler olsaydı... Gülsüm, evli olduğu halde taciz etmekten ve iftira atmaktan korkmayan tacizcisi kadar güçlü olur, bu istismara izin vermezdi, değil mi?

Kadınlar sadece işyerlerinde veya sokaklarda istismara uğramıyor. Dünya da kocası tarafından bile tecavüze uğrayan kimbilir kaç tane kadın var. Bu kadınlar neden kendilerini koruyamıyorlar?

Çünkü adlarının çıkmasından, dul kalmaktan, dul kadına toplumun bakış açısından, arkasında destek olacak bir ailesi olmadığındandır.

"Gelinliğinle çıktın kefeninle dön," diyerek, kaç kadına evlerinden gelin çıkarken gönül kapısını kapatan aile oldu.

"Kocan o, döver de sever de. Dul kalsan, çocukların babasız kalsa daha mı iyi?" denilerek, kadın, uğradığı her türlü istismara boyun eğmek zorunda kaldı.

Tabi sadece istismar edilen kadınlar değildir ama toplumumuzda hiç, "Kadın tarafından tecavüze uğrayan adam," diye bir haber başlığı gördünüz mü? En fazla taciz edilir ama bunu da anlattığı zaman kimse onu yargılamaz. En fazla alay konusu olur ya da "Vay, bu devir de böyle adam kaldı mı?" diye kadını reddettiği için sırtı sıvazlanır.İnanıyorum bu düzen daha çok okuyup araştırdığımız zaman değişecektir. Farkındalığı daha yüksek aileler namuslu çocuklar yetiştirerek gelecek nesilleri emin ellere bırakacaktır.

ÇOCUKLAR VE KADINLAR SUSMAYACAKTIR.

BİZ TOPLUM OLARAK EN BÜYÜK HATAYI NEREDE YAPTIK?

Toplumda eğitilmesi gereken en önemli varlık kadınlarımızı: "Kız çocuğu için okumak da neymiş, okuyup başımıza ne olacaksın!" diyerek okumalarına engel olup çocuk yaşta evlendirdik. Daha çocuk olamadan anne olan genç kızlarımız hayatta neyi tecrübe etti ki, çocuğuna doğru tecrübelerini aktarsın. Dünyanın sadece yaşadığı köy ve mahalleden ibaret olduğunu sanan, bir mahalle öteye gitmeye korkan, etrafında kendi aile yapısından farklı insanlar görmeyen, okumasına fırsat verilmediği için ufku açılamayan, hayata dair görüşü bir on kilometreden uzak olmayan çocukları gelin ettik. Toplum olarak biz de o düğünlere katılıp alkış tutup seyirci olduk, üstüne bir de göbek attık.

Kız çocuklarımız eğitimli olsaydı, onların yetiştirdiği erkek ve kız çocuğu daha bilinçli olmaz mıydı? Bir çocuğun ana vatanı annesidir. Çocuk için anne, hayatında ki en önemli ayrıntıdır.

BİR TOPLUMDA KÖKLÜ BİR DEĞİŞİKLİK YAPMAK İSTİYORSAK ÖNCE KADINLARI EĞİTİLMELİYİZ.

Çünkü bir babayı da anneyi de yine bir kadın yetiştiriyor. Şu an toplumumuzda baba rolü ne kadar etken olsa da çocuk anneyle daha fazla bağ kurduğu için anne tutum ve davranışlarından daha çok etkileniyor.

Babalarımız evde geçirmesi gereken vakti kahvede geçirdi. Onların yetiştirdiği erkek çocuklar da yeni neslin babaları oldu. Babaları gibi akşamları kahveye gidip oyun oynamadılar ama işten gelince televizyon karşında ellerinden telefonlarını düşürmeden yattılar. Önceden babalar evde olmadığı için çocuklar ilgisiz kalırdı. Şimdi durum daha acı.

BİRÇOK ANNE ve BABA TELEFONA BAKTIĞI KADAR ÇOCUKLARININ GÖZLERİNİN İÇİNE BAKMIYOR.

İlgisiz büyütülen her çocuk kendisine farklı bir ilgi alanı buldu ve maalesef çoğu bu alanlarda birçok istismara maruz kaldı.

Terbiyeli çocuk yetiştirmenin tek çaresi çocuklarımıza bağırmak, çocukları cezalandırmak ve dövmek sandık. Sevgi ve ilgiden yoksun büyüyen çocuklar, kendilerini ifade etmeyi öğrenemediler. Hayatları boyunca çeşitli psikolojik sorunlar ile mücadele etmek zorunda kaldılar. Kızını dövmeyen dizini döveceğine, oğlunu dövmeyen de malını kaybedeceğine inandı. Çocuklarımız önce, bu yanlış inanışların kurbanı oldu. Sonra da bu inanışın sahibi oldu.

Biz de bu inanışlar ile büyütülmedik mi?

Erkek çocuklarımıza "Göster oğlum pipini," kız çocuklarımıza ise "Kapat kızım eteğini," derken aslında biz, bu toplumun kaderini belirledik. Kızlar hayâ içinde kapanması gerektiğini öğrenirken erkekler alelade her yerde açabileceğini öğrendi. Erkek çocuklarına beynini değil de cinsel organını aktif kullanırsa erkekliğini kanıtlayabileceğine inandırdık.

Erkek çocuklarımıza sünnet düğünleri yaptık. Sen ve senin pipin bu toplum için çok önemli, seni ve pipini çok önemsediğimiz için buraya bütün sevdiklerimizi topladık, eğlence yapıyoruz. Çünkü sen erkekliği ilk adımı atmış oldun. Pipin senin gücünün simgesi. Biz bu pipiye ne kadar rağbet edersek sen o kadar gücünün farkına varacaksın. Kız kardeşin eksik yaratılmış, onun bir pipisi yok. Olsaydı ona da bir eğlence yapardık. O yüzden kızım sen, eksik olduğun için bu eğlenceyi hak etmiyorsun. Olur da senin genç kızlığa ilk adımın olan "regl (adet görme)" gerçekleşirse, sen böyle durumlarda ortadan kaybolacaksın. Kimsenin gözüne gözükmeyeceksin. Çünkü yaşadığın şey toplum tarafından asla bilinmemeli. Sen adet olduğun zaman çok büyük bir ayıbın içindesin, sakın bu ayıbını kimseye gösterme. Olur da bu sebepten ağrın falan olursa asla kimse ile paylaşma. Çekil odana sessizce ağrını çek. Tabii bu en iyi ihtimal. Eğer bir sorumluluğun yoksa tabii. Yapman gereken işler varsa adet ağrın, hatta gebe veya lohusa olman önemli değil. Sen bir kadınsın, erkeğine ve evine hizmet etmelisin. Biz böyle annelerin çocukları olarak büyümedik mi? Hala böyle ailelerin sayısı oldukça fazla değil mi?

Kızlarımızı sanki bir canavardan sakınır gibi erkeklerden sakındık. Birbirleriyle arkadaşlık kurmalarına izin vermedik. Onlar da ilk fırsatta birbirlerini keşfetmeye çalıştılar. Hem de çok yanlış yollarla. Onlara dostluğu, arkadaşlığı, birbirine sahip çıkmayı, korumayı öğretmedik. Birbirlerini tanımalarına, keşfetmelerine izin vermedik. Bir araya gelince dostluk kurulacağına değil de birbirlerine zarar vereceklerine inandırdık.

Seni oğluma alacağım, ya da kızımı sana vereceğim gibi cümleler kurarak çocukların dostluk kurmasına küçük yaşlarda engel olduk. Aralarındaki tek ilişkinin cinsel ilişki olacağına inan gençler birbirlerine dostça, kardeşçe bakamadı.

Erkek çocuklarımıza sürekli dışarının işleri ile ilgili sorumluluk verip, kız çocuklarımızı evlere kapattığımız; kız çocuklarımıza hizmetçi muamelesi yaptığımız o günlerde kadın-erkek arasındaki eşitlik dengesini bozduk. "Kalk babana-abine su ver. Yemeklerini önlerine koy. Çamaşırlarını ütüle, sen kızsın bunlar senin görevin," gibi cümleleri kurarak, kadını köle, erkeği kral ilan ederek kadını toplumda ezik gösterip erkekleri hep yücelttik. Sonra o erkekler kral olduklarına inandıkları için bütün kadınları kendine cariye gördü.

Erkek çocuklarına duygusal anlamda çok fazla yükler verdik. Ağlamalarına, kendilerini ifade etmelerini fırsat tanımadık. "Erkek adam," diye başlayan birçok cümleyle onların duygularını yaşamasına ve ifade etmesine izin vermedik. Gücünü kalbi ve beyniyle değil de cinsel organı ve beden gücüyle yönetmesini öğrettik.

Erkek çocukları kibar davrandıkları zaman "Kız gibi davranma-gülme-konuşma," dedik. Gözyaşı döktüklerinde "Ne kız gibi ağlıyorsun, erkek adam ağlamaz," diyerek kadını sürekli zayıf ve eksik gösterdik, erkeğe ise orantısız ve dengesiz bir güç öğrettik.

Çocuklarımızı severken, zilli, şıllık, çapkın, p...k, gibi kelimeler kullanarak onların mahremiyet duygularına zarar verdik.

Erkek aldatınca "Elinin kiri," aynı şeyi kadın yapınca "Kötü kadın," dedik. 18 yaşına girmemiş erkek çocuklarına bütün eş dost ilk cinsellik deneyimini kazandırmak için seferber olduk. Daha reşit olmamış çocukları ellerinden tutarak malum evlere götürüp: "Hadi erkekliğini göster," dedik. Bunun için bazen bütün sülale seferber olduk. Erkek çocuğu ne kadar küçük yaşta bir kadın ile birlikte olursa, bunu o kadar marifet gösterdik. Ama olur da kız çocuğumuzu bir erkek ile yan yana görürsek: "Çocuk yaşta başıma iş mi açacaksın," diyerek rezil ettik. Kadına hep namuslu olmayı, erkeğe de erkeğin namusunun olmayacağını öğrettik.

Erkeklerimizin sırtını sıvazladık, kadınlarımıza en ağır etiketler yapıştırdık.

Sonra zamanla modernleşmeye başladık. Aileler çıplaklığı çağdaşlık olarak anlamaya başladıklarında çocuklardaki hayâ duygusu kaybolmaya başladı. Anne ve babalar asla çocuklarının yanında anadan doğma gezmemeliydiler ama bunun adını çağdaşlık koyduk.

Sonra teknoloji girdi hayatımıza. Kontrolsüzce izlettiğimiz her televizyon programı, ellerine verdiğimiz tablet, telefon, odalarında kullandıkları bilgisayar... Merak ettikleri her şeye kolayca ulaştılar ve izlediler. Cinsellik kelimesi ile de bunu yaşama arzusu ile çok erken yaşta tanıştılar. Bu kadar kontrolsüz hareket etmeseydik çocukların hormon dengeleri bu kadar hızlı bozulur muydu?

Severken dudakların öptük, popolarını ısırdık, birilerinin onu zorla sevmesine müsaade ederek mahremiyet algılarını zedeledik. Çocuk kendini özel hissedemedi. Benlik algısı oluşturamadı.

Okullarda toplu mahremiyet eğitimleri vermeye başladık. Hangi çocuğun neye, ne kadar ihtiyacı var? Sorgulamadan hepsine aynı eğitimleri verdik. Çocukların bu konulara olan merakını daha da artırdık.

Durmadan özel bölgelerimizden bahsettik. "Aman onları koru, kimsenin dokunmasına izin verme," dedik. Ama bu kuralı önce hep biz ihlal ettik. Çocuklarımıza ve onların eşyalarına dokunurken izin almadık. Sınırlarımızı koruyamadık. Bir bireymiş gibi değil de malımızmış gibi davrandık. Ne izin almayı öğrendik ne de öğretebildik.

Ve en büyük hatamız neydi biliyor musunuz? Biz çocuklarımızı sevmeyi beceremedik. Bir nesil çocuklarını sevmeyi de ayıp saydı. Başını okşamak, kucağına almak, sarılmak, koklamak, bağrına basmak hep ayıptı. Sevgisiz büyüyen çocuk, susuz toprak misali önce verimini kaybetti. Sonra ruhunda çatlamadık yer kalmadı. Ruhu yaralarla dolu bir çocuk başka bir insanı nasıl anlayabilir ki? Kendi hiç anlaşılmamışken...

Daha saymakla bitiremeyeceğim birçok neden, bu toplumun ahlaki anlamda zarar görmesine, çocuklarımızın mahremiyet duygusunun gelişmemesine, uğradığı duygusal, fiziksel, cinsel istismara sessiz kalmasına, kendini ifade edemeyişine, başkasının hakkına girmeyi hak görmesine sebep oldu.

Diyorum ki: Anne ve babalara bir çocuğu yetiştirirken sevginin, saygının, şefkatin ne kadar önemli olduğunu; sevgisiz büyüyen her çocuğun ailesi ve toplum için ne kadar tehlikeli olabileceğini çocuk sahibi olmadan önce anlatsaydık, aileler daha bilinçli çocuk yetiştirmeye çalışmaz mıydı?

Zorunlu ebeveynlik kursları açılsa bence toplum olarak çok yol kat ederiz. Anne ve babalar, kendi çocuklarının çocukluğunu mahvediyor, psikolojisi bozuk çocuklar yetiştiriyor. Sonra o çocuk büyüyüp toplum içine çıkınca başkasının çocuğuna zarar veriyor. Çünkü kendisi hep zarar görmüş.

Dünya döndüğü müddetçe bunun önüne geçemeyeceğiz belki; ama en aza indirebiliriz. Okuyup öğrenmemiz, araştırıp, sorgulamamız gerekiyor. Ancak bu şekilde hayatımıza bir fark katabiliriz. Tabii en önemli kural çocuğumuzu iyi tanımamızdır. Bir kitap gibi çocuğunu ezberlemiş her aile onun en ufak bir hareketinden, neyi neden yaptığını anlayabilir. Okuyun çocuklarınızı, hatta ezberleyin. Bir aile olarak çocuğumuza yapabileceğimiz en büyük iyilik onları sevmek, saymak, anlamak, korumak ve ezberlemektir.

Yukarıdakileri okurken: "Ya Hocam, hala böyle şeyler yaşanıyor mu?" diye kesinlikle sorgulamayın. Hem de daha beter bir şekilde yaşanıyor. Ben bu kitabı yazarken emin olun, dinlediğim olayları size direkt yansıtmadım. Bu toplumda neler yaşanıyor neler! Ne benim yazmaya kalemim yeter ne de sizin dinlemeye cesaretiniz...

BU KİTABI ÖZETLEMEK GEREKİRSE

Annem küçük bir çocukken beni hep yabancılara karşı tembihlerdi:

"Aman çocuğum, sen dışarıda oynarken biri gelir. *Anan, baban öldü,* der. Sakın gitme. Seni arabaya atarlar, kaçırırlar. Kollarını, kafanı kesip kapımızın önüne atarlar."

Ayyy, ne korkardım! Tanımadığım herkesi öcü gibi görürdüm. Yoldan geçen bir yabancı bana baksa, kalbim atmaya başlar, hemen eve kaçardım. Herkes benim için potansiyel sapık ve çocuk mafyasıydı.

Bizim zamanımızda verilen en popüler mahremiyet eğitimi buydu. Bu yöntem çocukları korumaktan çok korkutuyor. Çocuklarda insanlara karşı hep bir güvensizlik ve korku oluşuyor. Zamanla da bu söylenenleri çocuk içselleştirip pısırıklaşıyor. Hem bu cümleler çocuğunuzu istismardan koruyamaz. Çünkü çocuğun sizden aldığı mesaj şudur: "Sakın tanımadığın biri ile olduğun yerden başka bir yere gitme!" Çocuğunuz olduğu yerde, herhangi bir yere götürülmeden istismar edilirse ne olacak? Zaten annemin de beni sürekli benzer şekilde tembihlemesi ve uyarmasının sebebi de birilerinin beni kaçırmasından korkuyor olması. İstismar, o zamanlar istismar bu kadar konuşulmadığı için anneciğimin aklına gelmiyordur bile.

Kitabın içinde anlattığım olaylarda dediğim gibi hiç tanımadığınız birinin çocuğunuza zarar verme ihtimali çok azdır. Çünkü gerçekten tehlike burnumuzun dibinde. Hiç tahmin etmediğin, en güvendiğin insanların, çocuğunuzu istismar etme ihtimali daha yüksek.

Çocuklarımızı sürekli yabancılara karşı tembihleyerek koruyamayız. Doğru mahremiyet eğitimi verilmiş ve kendini ifade etme yeteneği kazandırılmış bir çocuk kendine yaklaşan insanların niyetlerini hisseder. Size ve diğer insanlara karşı uygun şekilde kendini ifade eder ve korur. Dikkat edin, çocuklar kendilerine gerçek sevgi besleyen ile beslemeyeni hemen ayırt edip ona göre yakın veya uzak davranır. Her eğitimde olduğu gibi mahremiyet eğitiminde çocuğu korkutmaktan kaçınmalıyız.

Peki, şimdi mahremiyet eğitimi nasıl veriliyor! Çocuklar ailelerin karşısına alınıyor. Genital bölge gösterilerek:

"Bak yavrum, önün, arkan senin özel bölgen, bir de dudakların. Buraya kimse dokunamaz. İç çamaşırını kimse çıkaramaz. Burası özel olduğu için sürekli çamaşır içinde kalmalıdır. Biri dokunursa hemen bize haber ver. Ya da bir büyüğünden yardım iste. Hiçbir şey yapamazsan çığlık at."

Aileler bunları sürekli anlatarak mahremiyet eğitimi verdiğini düşünüyor. Sonra çocuk şöyle bir soru sorar:

"Dudaklarım özel ise neden açıkta?"

Aile şaşırır kalır, ne diyeceğini bilemez. Ama doğru değil mi? Dudak özelse ve özel bölgeler çamaşır içinde kalması gerekiyorsa neden dudağımız açıkta kalıyor? Çünkü buralar insanların haz noktaları diyemiyorsunuz? Peki vücudumuzun geri kalan yerleri haz alınmayan yerler mi? Genital bölge ve dudak özel bölge olduğu için dokunulmazlığı var da diğer yerlerimiz halka açık mı?

Çocuğun böyle bir durumda sizden aldığı mesaj ne?

Bu üç bölgem dışında kalan yerlere herkes dokunabilir!Ama çocuğunun bacağına, koluna dokunurken birileri bundan haz almayacağını nereden biliyorsun? İşte bura da devreye **İYİ VE KÖTÜ DOKUNUŞ** girer.

İYİ VE KÖTÜ DOKUNUŞU birbirinden ayırt eden bir çocuk insanların maksatlarını kolayca anlayıp buna dur diyebilir. İyi ve kötü dokunuş anlatılarak öğretilecek bir şey değildir. Bu sadece doğru bir mahremiyet eğitimiyle çocuk da mahremiyet bilinci oluşturularak öğretilir.

GELELİM MAHREMİYET EĞİTİMİNE

Mahremiyet eğitimi aslında çocuk anne rahmine düştüğü andan itibaren başlar. Anne karnındaki bir çocuğun ultrason fotoğraflarını sosyal medya hesaplarında paylaşarak, ilk mahremiyet ihlalini yapmış oluyoruz. O resimlere bakan insanların nasıl bir nefisle baktığını neticede bilmiyoruz? Daha doğmamış bir çocuğa belki kötü enerji gönderen insanlar olacaktır. "Annesinin karnında masum bir yavruyu bu enerji nasıl bulacak ki?" diye düşünmeyin. Birçok gözle görülmeyen enerji, dünya hayatının dengede kalmasını sağlarken, bu enerjinin bozulması ise insanlığın sonu olmaz mı?

Neden art niyetli birinin, art niyetli enerjisi sizin çocuğunuza geçmesin. Bizim hocalarımız hep derdi ki: "Annenin psikolojisi ne ise çocuğunki de o olur." Bu olumsuz enerji önce anneyi bulur, oradan da çocuğu. Ha deyin ki Dilek Hanım bunun bilimsel bir kanıtı var mı? Benim bildiğim böyle bir çalışma yok. Ama evrendeki enerjiyi hepimiz biliyoruz. Düşüncelerin insan hayatına nasıl yön verdiğini de. "İyi düşün, iyi olsun." Ama ne bileceğiz herkesin iyi niyetli olduğunu?

BAŞBAŞA OL.

Çocuk doğduğu ilk günlerden itibaren mahremiyet eğitimi devam eder. Mesela annenin çocuğunu emzirirken başka bir odaya gitmesi, altını değiştirirken başbaşa olmaları, banyo yaptırırken, soyup giydirirken hep yalnız olmaları çocuğun çok erken yaşta mahremiyet bilinci kazanmasını sağlar.

HEP AYNI KİŞİ İLGİLENSİN

Çocuğun özel bakımını hep aynı kişilerin yapması da önemli bir ayrıntıdır. Çocuğun bakımını sürekli başka başka insanların yapmaması gerekir. Çocuk tuvalete gittiyse evde misafir olan teyzeye "Hadi sen sil, poposunu," ya da "Hadi bugün de teyzen, halan yıkasın," denmemelidir. Çocuğun bedeni ve kendisi ile ilgili sınırı, bu durum ihlal eder.

Kendi çıplak bedeninizi nasıl koruyor, başkalarının görmesinden rahatsız oluyorsanız aynı hassasiyeti çocuğunuza göstermelisiniz. Siz çocuğunuzun sınırlarını sürekli ihlal ederseniz, bunu çocuğun gözünde normal hala getirmiş olursunuz. Beni herkes yıkayabilir, popomu herkes silebilir, düşüncesiyle kendisine dokunulmasından rahatsızlık duymaz. Ama bakımı ile hep aynı kişi veya kişiler (anne, baba, bakıcı) çocuk kendini özel hisseder. Bedenine isteyen herkesin dokunamayacağı ve göremeyeceği algısı oluşur.

SAKİN OL, KİBAR DAVRAN

Çocukların temel ihtiyaçlarını karşılarken kibar davranmak da bir mahremiyet eğitimidir. Çünkü bedenine ve ruhuna naif ve kibar davranılan çocuk iyi ve kötü dokunuşu anlar, bunu rahatlıkla ifade eder.

Çocuğu ağlata ağlata yıkamak,

Banyo yaptırırken bağırıp çağırmak,

Fiziksel şiddet uygulamak,

Genital bölge temizliğini yaparken kaba davranmak ve bu bölgeyi uzun süre içinde temizlemek,

İstemediği yerlerine zorla dokunmak ve öpmek,

Kıyafetlerini değiştirirken öfkeli davranmak, istemediği halde zorla üstünü değiştirmek...

Bunlara maruz kalmış bir çocuk zamanla bu yaşadıklarını normalleştirir ve çocuğun karakteri kabalaşır. Ne kimsenin ona kaba davranmasından rahatsızlık duyar, ne de başkasına kaba davranmaktan çekinir. Biri banyoda, tuvalette, sokakta zorla ona dokunmak istese, "Ailem de böyle yapıyor," der; kötü duygu, düşünce ve hareketi anlayamaz.

Kendini ifade edemez.

TERCİHİNE SAYGI DUY!

Çocuğunuzun üstünü değiştirmeniz, banyo yaptırmanız gerekiyor ve çocuk buna itiraz ediyorsa onun rızası oluncaya kadar asla zorlamayın. Oyun, çocukların en ikna oldukları yöntemdir. Doktora gittiğinde kazağının sıyrılmasına izin vermeyen çocuğa kibar davranın. Stetoskopu önce onun kulağına takın kendi kalbinizi veya sırtınızı dinletin. Emin olun sakinleşip muayene izin verecektir.

Üstünü değiştirmek istemeyen çocuğa, alternatif sunmak da etkili bir yöntemdir. İkisinin arasından hangisini giymek istersin. İlla o şekilde kalmak istiyor ve ikna edemiyorsanız bırakın öyle kalsın. Çocuğunuzun sizin istemediğiniz kıyafetlerle düğüne gitmesi, mahremiyet bilincini bozmasından daha önemli olmamalıdır.

İZİN İSTE

İzin istemek de önemli bir süreçtir. Biz çocuklarımızı gereğinden fazla sahiplenir; istediğimiz gibi sever, dokunuruz. Hatta öyle ki abartır özel bölgelerinden öper, onları sevgi cümlelerimize malzeme ederiz.

"Senin kukunu yerim, pipini yerim. Koca popolu çocuğum benim..."

Yanaklarından, kollarından, bacaklarından ısırarak severiz. Sakalımızı, bıyığımızı batırmaktan hiç çekinmeyiz. Çocuk buna itiraz edince de: "Çok ayıp! Sus! Seni seviyor!" der sustururuz. Çocuk da belli bir süre sonra bunları normalleştirir.

Aile içinde kimse ondan izin almadığı için başkalarının izin almasını beklemez. Herkesin ona istediği gibi dokunabileceğine ikna olur. Tepki vermekten çekinir. Çünkü ne zaman tepki verecek olsa ailesi onu susturmuştur. Hatta kızmıştır. Canın acıtılmasının da bir sevgi gösterisi olduğuna ikna olan çocuk, canı acıdığında "Benim canım acıdı," demez. Çünkü anne ve babası da onun canını acıtarak seviyordur. Ailesi bu sınırları evin içinde çizmediği için çocuk bu sınırı dışarıda da koruyamaz.

TEHDİT ETME RÜŞVET VERME

Çocukları istediğimiz gibi dokunup sevemeyiz. Çocuk kendini sevdirmek istemiyorsa "Tamam ben de sana küstüm. Bir daha annen-baban olmayacağım. Ben de gider başka çocukları severim," diyerek duygusal baskı uygulamamalıyız ya da çocuğu sevmek için rüşvet teklif etmemeliyiz.

"Kucağıma oturursan, sana telefon veririm," dememeliyiz. Bu yaklaşımlar çocukların duygularını kontrol ve ifade etmelerine engel olur. Çocuk birilerini üzmemek için sesini çıkarmaz ya da ona verilen her rüşvetin peşinden gider.

SEBEP BİLDİR

"Çocuğumu severken izin istemek de neymiş," diye düşünen büyük bir kesim var. Ancak siz izin isteyerek çocuğunuza dokunduğunuz veya banyoda, doktora götürdüğünüzde çocuğunuzu soyarken bunu neden yaptığınızı anlattığınız an çocuğunuzda kendini koruma algısını oluşacaktır. Bunların hiçbirini asla abartı olarak görmeyin. Eğer söz konusu çocuksa ve verilmesi gereken eğitim mahremiyet eğitimi ise daha fazla abartmalıyız. Bu kurullara dikkat etmeden, çocuğumuzu karşımıza alıp bak bunlar senin özel bölgen, bu bölgelere senin iznin olmadan kimse dokunamaz. Biri dokunacak olursa sen bana haber ver, diyerek mahremiyet bilinci oluşturulamaz.

İÇ ÇAMAŞIRI KURALI

Aynı ev içerisinde kardeşlerin özellikle farklı cinste olan kardeşlerin sürekli çıplak olarak birbirilerinin yanında gezdirilmesi ve banyo yaptırılması, çıplak şekilde yalnız bırakılması da mahremiyet algısını bozar.

Kardeş bile olsa birbirlerinin özel bölgelerine ve alanlarına saygı duymayı öğrenmelidir. Çocuğumuza aile içerisinde oluşturamadığımız algıyı, dışarıdaki insanlara karşı oluşturmamız mümkün değildir.

Kardeşlerin 3-4 yaşından sonra farklı odalarda ya da aynı odada olsa bile birbirlerini tamamen çıplak görmeden, sırayla soyunup giydirilmesi gerekir. “Aman kardeş onlar, ne olacak,” diye düşünmeyelim. Bu bağnaz ya da çağ dışı bir düşünce tarzı değildir. İç çamaşırı kuralı hayati önem taşıyan bir kuraldır.

4- 5 yaşından sonra ebeveynlerin bile çocuklarının mahremiyet bölgelerine doğrudan bakmaması gerekir. Anne, baba ve kardeşin bile bakmadığı mahremiyet bölgesini çocuk dışarıdakilere karşı korur. Kimsenin açıp bakmasına, dokunmasına izin vermez. Çünkü siz aile olarak evde bu kurala en baştan beri uymuşsunuzdur.

Çocuklar sözle söylenene değil, davranış ile yapılana bakarlar. Söylemek, anlatmak yeterli değildir mutlaka uygulamak gerek.

Çocuklar bizim malımız olmadığı gibi başkalarının da maskotu değildir. Çocuğunuza yakın akrabalarınız dahil kimse, çocuğunuzun istemediği bir şeyi yapamaz. Bu masum bir öpücük veya dokunuş bile olsa çocuk istemiyorsa kimseye kendini sevdirmek zorunda değildir.

Şu an kitabı okuyan değerli okuyucum, siz de kimsenin çocuğunu izin istemeden öpmeyin, kucağınıza almayın, sarılmayın, dokunmayın. Birilerine ayıp olacak diye çocuğunuzu zorlamayın.

MAHREMİYET ALANIMIZ SADECE BEDENİMİZ DEĞİLDİR

Peki, mahremiyet alanımız sadece bedenimiz midir? Çocuklarınıza mahremiyetin sadece bedende olmadığını, herkesin yaşadığı ülkenin, şehrin, mahallenin, sokağın, evin mahremiyet alanı olduğunu uygulamalı gösterip öğretin. Bu da anlatmakla olmaz çünkü.

Mahremiyet algısını sadece beden için kazandırırsak bu konu da eksik eğitim vermiş oluruz. Başkasının bedenine izinsiz dokunmak ne kadar doğru değilse, başkasının eşyasına dokunmanın, evine, odasına izinsiz girmenin de doğru olmadığını yine önce kendiniz yaşayarak, yaşatarak çocuklarımıza öğretmeliyiz.

Yaşadığımız ülke, bu ülkenin şehirleri, mahalleleri ve sokakları hepimizin; evimiz, ailemizin; bu evin odaları ise kişilerin mahremiyet alanıdır. Ev içerisinde kapalı kapılar arkasında olan kişilerin mahremiyetine saygı duymazsak, burada yetişen çocuk kimsenin evine, sokağına, şehrine ve ülkesine nasıl saygı duyacağını, nerede durması gerektiğini bilemez. Sınırlarını bilmeyen çocuk başkalarının sınırlarını sürekli ihlal eder.

Kapalı bir kapıyı tıklatmadan içeriye girmek, birinin özel eşyasını izinsiz kurcalamak ve kullanmak kişilerin mahremiyetine tacizdir. Bunu çocuklarımıza öğretmek istiyorsak önce bu alanları bizim ihlal etmememiz gerekir. "Çocuğum o benim," diyerek odasına pat diye girerseniz o çocuk, herkesin kapısını çalmadan açar. Onun özel eşyasını izinsiz kullanırsanız o da başkalarının eşyasını izinsiz kullanır. Çantasını izinsiz karıştırırsanız o da sizin veya başkalarının çantasını izinsiz karıştırır.

İnsanlar bu bilinçle büyümüş olsaydı hiç savaşlar çıkar mıydı? Dünya olarak mahremiyet bilinci olmadığı için savaşlar çıkmıyor mu? İnsanlar kendinde olmayana hep göz diker olmuş. Çoğu insan kendi sınırlarını tanımıyor, bu yüzden de diğer insanların sınırlarına sürekli izinsiz girmeye çalışıyor.

Mahremiyet bilinci, insanlara başkalarının sınırlarına ve yaşam alanlarına saygı duymayı; sevmeyi, mutlu olmayı, elinde olanla yetinmeyi, paylaşmayı öğretir. Çocuklarımızın akademik eğitimlerine verdiğimiz çabayı mahremiyet eğitimlerine versek dünyadan kötülüğü silmez miyiz? Saygının olduğu yerde kötülük olur mu?

ÇEMBERİN DIŞINDA KAL

Çocuklarımıza mahremiyet sınırı çizerken önemli bir kural da benim deyimimle "çember kuralı" uygulamaktır.

Nedir bu çember kuralı?

Çocuğumuz ile konuşurken onun etrafında bir çember varmış gibi düşünüp o çemberin dışında onunla iletişim kurmaktır. En yakın o mesafede konuşursak çocuğumuzla, çocuk zamanla bu koruma çemberini hisseder ve bu çemberin içine giren insanlardan rahatsızlık duyar. Bu mesafe en az 2 karış olmalıdır. Başparmağınızı burnunuza koyup iki elinizi kullanarak bu mesafeyi belirlemiş olursunuz.

Özellikle kendi çocuğunuz dışındaki çocuklarda bu kurala uymaya dikkat edin ki, diğer çocuklarda da bu çember kuralı bilinci oluşsun. Kendi çocuklarımız ile genelde temas halinde olacağımız için bu sınırı daha çok, farklı insanlar birbirlerinin çocuklarında oluşturabilir. Netice hiç tanımadığınız bir erkek veya kadın ağzınızın içine kadar girerek sizinle konuşmuyor. Yetişkinlerde bu kurala nasıl uyuyorsak çocuklarda da mutlaka uymalıyız.

BASKICI VE OTORİTER OLMA

Çocuklar ile kuracağımız sağlıklı ilişki en önemli kurallardan bir tanesidir. Sürekli baskı altında tutulan, ailesi tarafından fiziksel ve duygusal şiddet gören, ihmal edilen çocuklar genelde istismar edilmeye daha müsait olur. Bu çocuklar istismar anında kendini koruması ve ifade edebilmesi pek mümkün olmuyor. Çünkü aile içinde uğramış olduğu ihmal ve duygusal-fiziksel istismar onun mahremiyet algısını ve kendini koruma güdüsünü ciddi anlamda zedelemiştir.

Çocuklarınızın herhangi bir konuda size bir şey anlatırken yalan söylediğini düşünseniz bile asla yargılayıcı ve suçlayıcı olmayın. Onu her zaman dinlerken lafını bölmeden cümlesinin sonuna kadar bitirmesine fırsat verin.

SORULAN SORULARA CEVAP VER

Çocuklara gerekli cinsel bilgilerin zamanında verilememesi, kontrolsüz internet kullanımı istismar sebeplerinden bir tanesidir. Çocuk ailesinden gerekli bilgileri öğrenemezse bunu farklı kanallardan öğrenmeye çalışacaktır. Çocuklar için en büyük tehlike maalesef bu çağda internet. İnternet üzerinden, yazı yazmayı bilmesek dahi, sesli arama ile her türlü bilgiye ulaşabilmekteyiz. Ne zaman neyi araştıracağını bilemediğimiz için mutlaka koruma programları kullanmalı ve yalnız kaldıkları anlarda ellerine bir telefon tutuşturmamalıyız.

Susturucu olarak kullandığımız telefon, çocukların farklı bilgi ve deneyimlere zamansız ulaşmasına neden olabilir. Çocuk buradan gördüklerini merak eder, biri tarafından istismar edilmeye çalışıldığında sırf gördüğü bu görüntüleri deneyimlemek için sesini çıkarmaz. Cinsel içerikli bir videoda gördüğü görüntüyü bir yetişkinle deneyimlemek istemeyebilir.

Yakın bir arkadaşımın kızına, misafir olarak gittiği bir evde, evin küçük çocuğu tarafından böyle bir video izletilmiş. Birkaç gün sonra amcasına "Dudaktan öpüşelim, öpüşürken sen benim memelerimi elle," deyince amca bunu hemen babaya anlatmış. Aile bilinçli bir aile olduğu için çocuğa yanlış bir şey söylemekten korkup hemen bir pedagog randevusu almışlar. Oradaki görüşmelerde çocuğun böyle bir video izlediği ortaya çıkmış.

Bu olayda ya amca kötü niyetli olsaydı ya da aile bu konuşmalardan dolayı çocuğu dövüp, üzerinde baskı kursaydı. O çocuk işte kontrolsüz internet kullanımından dolayı hem cinsel hem de fiziksel istismar edilmiş bir çocuk olacaktı.

DEĞERLER EĞİTİMİ VER

Toplumumuz birçok ülkede bulunmayan çok güzel değerlere sahiptir. Misafirperverlik, yardımlaşma, güler yüzlü olma, ikram da bulunma, ihtiyacı olanı koruyup kollama gibi. Çocuklarımıza çok küçük yaşta bu değerleri kazandırırsak toplum için vicdanlı ve farkındalığı yüksek bireyler yetiştirmiş oluruz. Farkındalığı yüksek olan birey de hem kendi alanını bilir hem de başkalarının alanlarına saygı gösterir. Kadın erkek demeden evlatlarımızı değerler eğitimini aşılayarak büyütürsek mahremiyet algısını daha da pekiştirmiş oluruz. Ama maalesef toplumumuz da her geçen gün değerlerimiz yok olmaya başlamıştır. Daha bireysel, bencil ve karşı tarafın duygularını anlamayan bireyler yetiştirmek, gelecek nesiller için yozlaşma adına risk teşkil edecektir diye düşünüyorum.

İYİ VE KÖTÜ DOKUNUŞU ANLAT

Annemiz, babamız, kardeşimiz ya da sevdiğimiz herhangi biri bize sarıldığında, dokunduğunda, bizi öptüğünde kendimizi mutlu hissederiz. Biri bizi severken özel olan alanlarımıza dokunmadan sever. Bizi seven kişi özel bölgelerimize dokunuyorsa veya kendisinin özel bölgelerine dokunmamızı istiyorsa bu kötü dokunuştur. Özel bölgemize dokunmuyorsa ama biz yine de kendimizi kötü hissediyorsak bu da kötü dokunuştur. Yani kendimizi kötü hissettiren, hoşumuza gitmeyen, bizi rahatsız eden her dokunuş, kötü dokunuştur.

Böyle durumlarda: "Bana dokunmandan rahatsız oluyorum. Bana dokunmanı istemiyorum," diyerek tepkini göstermelisin ve bunu en yakınında güvendiğin bir yetişkine anlatmalısın. Bizler senin için gerekli önlemleri alır, bir daha kendini kötü hissetmeni sağlayacak dokunuşlara engel oluruz. Bunu engellerken bize zarar gelmez veya biz başkasına zarar vermeyiz. Her ne olursa olsun biz sana yardım etmeye her zaman hazırız ama sen bizimle kendini kötü hissettiğin olayları paylaşmazsan biz senin nelere üzüldüğünü bilemeyiz.

Biri sana kendini kötü hissettirecek şekilde dokunuyor ve *bu aramızda sır*, diyorsa bu da kötü dokunuştur. Ailemizden biri bile olsa, sana kendini kötü hissettirecek şekilde dokunuyorsa bu sır değildir. Sırlar insanları üzmez. Mesela arkadaşın annesine sürpriz hediye almıştır ve bunu seninle paylaşarak "Bu bir sır sakın anneme söyleme!" derse bu sır olarak saklanabilir. Kimse bu sır ile üzülmüyor. Hatta arkadaşının annesi mutlu oluyor. Bizi mutlu eden şeyleri sır olarak saklayabiliriz ama mutsuz olduysak bunu hemen ailemiz ya da yakınımızdaki yetişkinle paylaşmalıyız. Biz seni çok seviyoruz, kimsenin sana zarar vermesini istemiyoruz. Eminim sen de istemezsin.

İyi dokunuşta kendimizi mutlu ve güvende hissederiz. İyi dokunuşta önce izin alınır. Sen razı gelirsen biri sana dokunabilir. İyi dokunan kişi senin özel bölgelerine dokunmaz ve özel bölgelerinden sevmez. Sana kendini kötü hissettirecek sırlar vermez. *Bunu kimseye söyleme*, diye seni tehdit edip korkutmaz.

OKULDA VERİLEN MAHREMİYET EĞİTİMİ

Eskişehir'de, evlerin bitişik bir şekilde yan yana dizildiği, insanların ekonomik ve sosyokültürel düzeylerinin birbirine yakın olduğu bir mahallede büyüdüm. Babam işçi, annem ise ev hanımıydı. Mahallenin çoğu da öyleydi. Bizim mahallenin insanları daha gelenekçiydi. Çoğumuzun anne ve babası köyde yetişmiş ve en fazla ortaokul mezunuydu. Sıcak, samimi bir mahalleydi. Ama insanlar çocukları ile özel mevzuları genelde konuşmuyordu. Şu an birçok yerde olduğu gibi.

Ortaokul 1. Sınıfa giderken bir gün sınıfımıza beyaz önlüklü, hemşire olduğunu düşündüğüm, biri geldi. Öğretmenimizi kapıya çağırdı, bir şeyler konuştular. Öğretmen içeriye gelerek erkek çocuklarının koridora çıkmasını, kızların ise sınıfta kalmasını söyledi. Öğretmenimiz de erkek ve çekingen biriydi. O derste adamcağızın nasıl kızardığını ve erkeklerin dışarı çıkması gerektiğini söylerken nasıl sıkıldığını hiç unutmuyorum. Artık nasıl dikkatimi çektiyse dün gibi aklımda hepsi. Öğretmen bile utanıyor böyle özel mevzularda o zamanlar. Bir de çocuk aklımızla bizi düşünün, biz nasıl utanıyoruz?

Ergen erkek arkadaşlarımız büyük bir merakla dışarı çıktılar ve biz ergen kız çocukları ne olacağını merak ederek sınıfta kaldık. Ellerinde kolilerle birlikte sınıfa iki hemşire girdi. Ne olacağını merakla bekliyoruz.

Ağzımızı bir karış açtık, bekliyoruz. Acaba o kolilerde ne var?

Hemşire konuşmaya başladı. "Şimdi size menstürasyon döneminden bahsedeceğim. Halk dilinde âdet kanaması olarak duymuş olabilirsiniz." O yaşıma kadar adet kanaması diye bir şey hiç duymamıştım. Hele menstürasyon kelimesi eminim mahallemizdeki bir evin önünden bile geçmemiştir. Şimdi çok da hatırlayamadığım bir sürü şey anlattı. Sonra paketlerden pedler çıktı. Hepimize küçük bir paket dağıtıldı. Ve iç çamaşırımıza nasıl koyacağımızı, özel bölge temizliğini nasıl yapacağımızı, hangi aralıklarla bu pedi değiştirmemiz gerektiğini anlattılar. Sonra da kadınların nasıl yumurtladığından, erkeklerin sperm hücrelerinden, nasıl ürediğimizden falan vs.

Bir an büyük bir korkuya kapıldım. Yaşamış olduğum bu korkudan dolayı da anlatılanları doğru düzgün anlayamadım. Beynimde hep aynı cümle: "Adet kanaması." Bir yerimiz kesilmeden kan gelmiyorsa, özel bölgemde her ay bir kesik mi olacaktı? Kalbim ramazan davulu misali atıyor, kulaklarımı tıkıyordu. Ne bir şey duyuyor ne de anlıyordum.

Hemşireler gerekli bilgileri verdikten sonra çıktılar. Bana "Ne anladın?" diye sorarsanız cevap basit:"HİÇBİR ŞEY!"

Tam kapıyı açtılar ki sınıfın bütün erkekleri kapının önünde meraklı gözlerle içeri girmeyi bekliyorlar. O arada teneffüs zili çaldı. Sonra da aynı şekilde erkek çocukları içeri alındı onlara da birtakım bilgiler verildi. Onlara verilen bilgilerin bizim ki kadar somut delilleri olmadığı için kız arkadaşlarıma birkaç dalga geçilecek konu dışında pek malzeme çıkmadı. Ama okulun bütün erkekleri gün boyu bizimle dalga geçtiler. Çünkü onların elinde somut bir delil olan pedlerimiz vardı.

"Size ped verdiler biliyoruz. Kanatlı mı, kanatsız mı? Pedin kanatlı ise ödünç versene, uçmaya gideceğim..." Gün boyu okulda bu muhabbet döndü, durdu. Bazıları pedlerini dağıtmış. Erkek çocukları bu pedlere renkli sular döküp "Benim ki mavi geliyor, senin ki ne renk," diyerek kendilerine gün boyu malzeme çıkardılar.

Hesapta, okulda öğrencilere cinsel eğitim verildi. Mutlaka aralarında faydalanan oldu ama bunun yanında benim gibi ilk defa duyanlar için kaygılanma sebebi, ailelerinden gerekli mahremiyet eğitimi almamış, edep ve haya duygusu kazandırılmamış çocuklar için de dalga konusu oldu. Aynı zamanda bu tarz konulara olan merak arttı. Günlerce öğrenciler arasında konuşuldu.

Şimdi hatırlıyorum da biz kız çocukları, üç beş kişi hariç, genel olarak çok utanmıştık; ama erkeklerde, yine üç beş kişi hariç aynı utanma duygusu söz konusu olmamıştı. Biz utançtan yerin dibine girerken, onlar göğüslerini gere gere sağlık memurlarının onlara nelerden bahsettiklerini anlatıp durdular.

Ve yine diyorum ki,

KIZ ÇOCUKLARIMIZI BÜYÜTÜRKEN ÖĞRETTİĞİMİZ EDEP VE HAYA DUYGUSUNU, ERKEK ÇOCUKLARIMIZA DA ÖĞRETTİĞİMİZ ZAMAN KADIN VE ÇOCUK İSTİSMARININ BÜYÜK ORANDA ÖNÜNE GEÇMİŞ OLACAĞIZ...

Hemen eve gelip ne kadar ansiklopedi varsa incelemeye başladım. Beni rahatlatacak bir şey arıyordum ama bulamıyordum. Bir yandan da ilk defa duyduğum cinsellik ile ilgili kelimelerin görsellerini araştırmaya başladım. O zamanlar internet yoktu, ansiklopediler vardı. Gazetelerden kuponlar biriktirir, ansiklopedi setlerine sahip olmaya çalışırdık. Ve ansiklopedilerdeki bilgiler şimdiki kadar tehlikeli değildi. Bilmemiz gereken kadar bilgiye sağlıklı bir şekilde ulaşırdık. Ama şimdi öyle değil tabii. O zamanlar internet olsaydı ve ben 10 yaşında bir kız çocuğu olarak öğrendiğim kelimeleri araştırırken, tahmin edin karşıma neler çıkardı?

Şu an okullarda hala cinsel eğitimlere ve mahremiyet eğitimlerine devam ediliyor. Benim zamanımda bu tarz eğitimlerden sonra yaşanan olumsuzlukların, şu zamanda da benzer şekilde devam ettiğini gözlemlemekteyim.

Okul öncesi dönemde bile çocuklara sınıfta mahremiyet eğitimi verildikten sonra, özel bölgelere olan merak daha da artıyor. Bizzat çalıştığım öğrenci gruplarında gözlemliyorum.

Her çocuk farklı aileden ve kültürlerden gelir. Kimi çocuk çok kapsamlı bilgiye sahipken başka bir çocuk hiçbir şey bilmiyor olabilir. Ve bu eğitimler okullarda verilirken kişiye göre değil topluluğa göre veriliyor.

Şöyle düşünün... Masada üç bardak var. Biri ağzına kadar dolu, biri tamamen boş, diğeri de yarısına kadar. Hepsine eşit derecede su döksek dengeyi sağlamış olabilir miyiz?

Eğer toplu bir şekilde mahremiyet eğitimi ve cinsel eğitim vereceksek bunu çocuklardan ziyade ailelere vermeliyiz. Aileler bu konu da eğitilmeli ve çocuklarına nasıl eğitim verecekleri anlatılmalıdır. Hatta bu eğitimin zorunlu tutulması da gereklidir. Ya da eğitimlere katılmak için insanlar teşvik edilmelidir.

Çünkü mahremiyet eğitimi ve cinsel eğitim evde çocuk doğduğu andan itibaren başlar. Çocuk kendi kimliğini tanımaya, benimsemeye, karşı cinsle iletişim kurmaya ve karşı cinsin bedeniyle ilgili merak duymaya başladığında, gerekli bilgiler çocuğa aktarılmadıysa ve doğru model olunmadıysa, çocuk yetersiz bilgi ve tecrübeye sahip olmuş olabilir. Hatta şöyle ki, ailede doğru eğitim verilmeyen çocuk, bu bilgileri akranlarından veya teknolojiyi kullanarak öğrenmeye çalıştığından yanlış bilgilere de sahip olabilir. Okullarda hangi dozu kaldıracağını bilmediğimiz çocuklara cinsel eğitim ve mahremiyet eğitimi vermek yerine, bu eğitimi asıl vermesi gereken aileyi eğitmek en doğru olandır, diye düşünüyorum.

Okullarda mahremiyet eğitimi verilecekse bu yine rol ve model yoluyla olmalıdır.

Anasınıfı ve ilkokul öğretmenleri daha anaç bir yapıya sahip oldukları için bütün annelik güdüleriyle hareket ederler. Çocuğu soyar, giydirir, sırtına terlediyse bez koyar. Tabii bunları yapmasından hiçbir sakınca yok, hatta yaptığı için bence takdir bile edilmelidir. Burada değinmek istediğim bunu yaparken kendi çocuğuna davrandığı gibi davranmamasıdır.

Konuşurken çember kuralını uygulamak,

Dokunurken veya severken müsaade istemek,

Çocuğun eşyasını alacaksa haber vermek ve izin istemek,

Üstünü değişirken aynı ortamda olmadan çocuğun bunu tek başına yapmasını istemek,

Yardım edilecekse yine başını çevirmesi...

Bunların hepsini yapacak başka bir personel varsa, bu kuralların o kişiye anlatmasıyla okullarda mahremiyet eğitimine çok güzel destek olunmuş olur.

Bizim öğretmenlerimiz sormadan çantamızı açar, kalemliğimizden istediğini alır, bize sormadan dokunulurdu. Üstümüzü batırırsak kızar, eğer kendisi değiştirmek zorunda kalırsa bir dünya söylenir ve canımızı acıtırdı. Ya da bunu yapan yardımcı personel de hiç çekinmeden ortalık yerde bizi soyar, üstümüzü değiştirirdi.

Bir anasınıfı öğretmeni olarak, şunu dediğinizi duyar gibiyim:

"Çocuklar oyunlardan sonra toplu terliyor, tek tek nerede oda bulup kendilerinin üstlerini değiştirmesini isteyeceğiz ya da beden eğitimi dersinden sonra çocuklar bireysel olarak nerede yer bulup soyunup giyinecekler?"

O zaman ben şimdi size diyorum ki:

"Hadi sevgili öğretmenim bu kitabı okuduğuna göre bir farkındalık kazandın. Biz eğitimci arkadaşlar birlik olalım ve okullarda çocukların toplu olarak giyinip soyunmasının doğru olmadığını idarecilerimize ve velilerimize anlatarak okulda uygun bir alana soyunma kabinleri yaptıralım. Aynı cinsiyette olsa bile, çocukların toplu şekilde soyunup giyinmeleri doğru değildir. Mahremiyet eğitimine terstir. Çocuklara mahremiyet eğitimini ve özel alanlarımızı anlatıp sonra toplu olarak soyup giydirirsek anlattıklarımız ile yaptıklarımız birbirine ters düşer."

Okullarda verilecek olan cinsel eğitim ve mahremiyet eğitiminin amacı önce aileyi eğitmek, sonra okulda çocuğun mahremiyetine saygı duymak, ailesi tarafından cinsel eğitim ve mahremiyet eğitimi verilmiş çocuğa destekleyici uygulamalarda bulunmak, çocuğa bütün organlarını tanıtmak, isimlerini öğretmek ve işlevleri hakkında bilgi vermek; bir de öğrencilere rehberlik servisinin amacını ve çocukların hangi durumlarda faydalanabileceklerini anlatmak olmalıdır.

OKUL MÜFREDATIMIZA TOPLUM SAĞLIĞI VE PSİKOLOJİSİ DİYE BİR DERS EKLENMELİ VE BU DERSE AİLELERİN AKTİF KATILIMLARI SAĞLANARAK "AİLE İÇİ MAHREMİYET VE CİNSEL EĞİTİM" İLE İLGİLİ GEREKLİ BİLGİLENDİRMELER YAPILMALIDIR.

Değerler, cinsellik ve mahremiyet eğitiminde amaç önce aile olmalıdır. Ailesinin eksik kaldığı bir konuyu, çocuk başka biri ya da farklı bir sistem tarafından tamamlayamaz. Çünkü aile temeldir. Temeli olmayan bir eve çatı yapabilir misiniz? Evde gerekli eğitimi almamış bir çocuğun okulda veya farklı bir ortamda mahremiyet eğitimi, cinsel eğitim ve değerler eğitimi verilmeye çalışılması temeli olmayan eve çatı çekmeye benzer.

Aile temel, okullar çatı olmalıdır.

İSTİSAMARA UĞRAMIŞ ÇOCUĞU NASIL ANLARIZ?

Çocuk istismarı tüm insanlığın kanayan bir yarası maalesef. Ve biz bu yaraya tampon yapmadığımız müddetçe kanamanın şiddeti her geçen gün daha da artıyor.

Çocukluk çağı cinsel istismarları çoğu zaman çeşitli sebeplerden dolayı hiç kimseyle paylaşılmaz. Özellikle erkek çocukları, kız çocuklarına oranla daha çok gizleme eğilimi gösterebilir. Çocuk, yaşadığı şeyden dolayı cezalandırılacağı ya da terk edileceğine dair korku yaşar. Utanç ve suçluluk duyguları ile bunu saklamaya çalışır. Kendisine ve ailesine zarar geleceğine dair endişe oluşturur.

Maalesef dini inanışlarımızı ve toplumsal kuralları çocuklarımızı öğretirken hep ceza içerikli bir yöntem uyguladığımız için çocuk her hata yaptığını düşündüğünde cezalandırılacağına inanır. Bu kaygı ile kendini sürekli içine kapatır. Kendini bir kurban gibi görür ve bunu bu şekilde kabullenebilir.

Çocuk olur da istismar anında fiziksel bir zarar görmüşse ancak o zaman anlarız. Tabii onun içinde biraz ilgili aile olmak gerekir. Birçok aile çocuğunun vücudundaki farklı morlukların ve yaraların peşine düşmemektedir. Çünkü ona göre o bir çocuktur, oyun oynarken bir yerlere düşüp morartmış ya da yaralamış olabilir. Tabii, "Her morluğu ve yarayı istismara yorumlayın," demiyorum. Ama bazıları dikkat çekicidir.

Kolunda veya bacağında parmak izi şeklindeki morluklar, Bacağın diz kapağının üst tarafında oluşan izler,

Vücudun üst taraflarında, özellikle boyun ve göğüs kısımlarındaki morluklar,

Genital bölge etrafında veya iç kısımda oluşan yaralar...

Çocuğumuzda bu tarz yaralanma ve izler gördüğümüzde sebebini mutlaka araştırılmalıyız.

Cinsel tacize uğrayan çocuklar sıklıkla birine açılmakta çekingen davranırlar. Bazen kendileri yerine bir başka çocuktan söz ederler: "Falanca çocuğu, falanca amca zorla öpmüş..."

"Falanca abi, falanca çocuğa pipisini göstermiş," gibi.

Ya da bunu size, "Rüyamda gördüm," şeklinde de anlatabilir.

Çocuklar oyun oynarken cinsel içerikli hareketlerde bulunmazlar ve sözler söylemezler:

"Hadi sen soyun ve benim üstüme yat," gibi. Eğer çocuğunuzda bu şekilde bir hareket veya söz duyarsanız, arkasında mutlaka bir şeyler arayın. Ya bir yerden duymuştur, görmüştür veya kendisine yaşatılmaya çalışılmıştır.

Çocuğunuz size cinsel istismara uğradığına yönelik bir bilgi veriyorsa büyük ihtimal doğru söylüyordur. Çocuğa hemen inanıp anında gerekli önlemleri almalısınız.

Çocukta davranış değişikliği tacizin diğer bir ifade biçimidir. Çocuklar genellikle stres altında kaldıklarında biyolojik bir nedeni olmayan davranış değişiklileri veya bozuklukları gösterebilir. Cinsel istismara uğramış çocuklarda:

Bebek gibi konuşma,

İçene kapanma,

Aşırı bağlılık,

Çiş veya dışkı kaçırma,

Yeme ve uyku bozuklukları,

Hiçbir şeye itiraz etmeme,

Sık ve devamlı cinsel oyun,

Açık alanda ve sıkça mastürbasyon,

Okuldan kaçma,

Cinsel ilişkiyi ayrıntılı olarak bilme,

Cinsel saldırılar, gözlenebilir.

İstismarın fark edilmesi çoğu zaman tesadüfidir. Çocukta anormal davranışların fark edilmesi, çocuğun fiziksel bir yaralanma sebebiyle doktora getirilmesi, daha nadir olarak çocuğun üçüncü bir şahsa istismar edildiğine dair bilgi vermesi sonucu istismar ortaya çıkar.

Önemli Not: *Çocuklar, duygusal ve fiziksel şiddete maruz kalarak büyüdüyse ailesi tarafından gerekli ilgi ve sevgiyi görmediyse ERGENLİK DÖNEMİNDE ailesinden intikam almak ya da dikkat çekmek için istismar edildiğine dair yalanlar söyleyebilir.*

Bizzat şahit olduğum böyle bir olay var. 17 yaşındaki kız, babasının kendisini taciz ettiğini söylemiş, daha sonrasında polisin ve psikoloğun dikkatli olması ve kızın verdiği çelişkili ifadelerden dolayı olay açıklığa kavuştu. Babanın suçsuzluğu ispatlandı.

Kız çocuğu ise daha sonraki ifadesinde, babasının annesini sürekli başka kadınlarla aldattığı için bu şekilde bir iftira atarak intikam almak istediğini söylemiştir. Baba cinsel istismar suçundan berat etti ama çocuğuna yaşattığı duygusal istismar suçunun bedelini ağır ödedi.

Yapılan araştırmalarda bazı psikolojik sorunlu kişilerin (şizofreni, bipolar bozukluk gibi) bu tarz yalan beyanlarda bulunduğunu göstermiş.

İyi bir aile ortamında yetişmiş, yeterli mahremiyet algısı oluşmuş çocuk kendini istismardan büyük ihtimal koruyabilir.

İSTİSMARA UĞRAMIŞ ÇOCUĞA NASIL YAKLAŞMALIYIZ VE NE YAPMALIYIZ?

Bir anne ve baba olarak çocuğumuzun istismar edildiğini öğrenmek, inanıyorum ki çok ağır bir duygusal travmadır. İnsan gerçekten o an duygu, düşünce ve hareketlerine hâkim olamayabilir. Lakin bu tavırlar hem çocuğumuza hem bize hem de topluma ciddi zararlar veriyor. Daha önce de belirttiğim gibi çocukların veya gençlerin istismar anında susma sebepleri ailelerinin başına kötü bir şey geleceğini düşünmeleri ve kendilerini de suçlu hissetmelidir. Maalesef toplumumuzda hemen böyle konular, namus meselesi haline getirildiği için birçok insan yaşadıklarını gizlemek zorunda kalmıştır. Aile bireylerinden birinin, bunu kendisine yapana zarar vereceği, başkaları duyarsa ailesinin ve kendisinin rezil olacağı düşüncesi insanların istismar karşısında en önemli susma nedenleridir.

Bunu anladığımız ya da hissettiğimiz an yargılamadan suçlamadan, "Senin orada ne işin vardı? Neden gittin? Bunu nasıl yaptın?" gibi cümleler kurmadan çocuğa sakin bir şekilde yaklaşarak ne yaşadığını anlamaya çalışın. Çocuk direkt kendi üzerinden anlatmak istemeyebilir. Bu durumda başka bir çocuktan bahsediyormuş gibi sorular sorarak konuşmaya çalışın.

Örneğin çocuk birden yatarken sizin özel bölgenizden öpmeye çalıştı. Siz de hemen tepki olarak "Ne yapıyorsun, çok ayıp bu yaptığın!" diye bağırmayın. Sakin olun, böyle bir şeyi neden yapmak istediğini sorun. "Acaba biri bunu başka bir çocuğa yaptı da sen öyle mi gördün?" ya da "Bir yerde mi izledin, bunu nerede gördüğünü merak ettim," gibi soruları çok olağan sorarsanız, çocuk bu konu ile ilgili size daha rahat açılacaktır. Ama anlatmak da istemeyebilir tabii. Başka bir zaman oyun esnasında bir daha sorun, yine sakin bir şekilde, dolaylı sorular sorarak öğrenmeye çalışın. Tamamen içgüdüsel hareket etmiş olabilir. Ama çocukların hayal dünyasında cinsel içerikli oyunlar yoktur. Görmüş veya deneyimlemiş olması lazım.

Diyelim ki çocuk anlattı... Bundan sonra ne yapacağız? Bir dedektif gibi yaklaşıp sürekli "Sonra ne oldu? Başka ne oldu?" diye sorgulamak, olayı sürekli başa döndürüp döndürüp anlattırmak, çocuğa bir daha travma yaşatacaktır.

Sonuna kadar sakin bir şekilde dinleyin ve ona kesinlikle inandığınızı ifade edip gösterin. Bu bile istismara uğramış bir çocuğun duygusal bir boşalım yaşayarak rahatlamasını sağlayacaktır. Yalan söylediğini düşünseniz bile bunu belli etmeyin. Çünkü çocuklar cinsel içerikli yalanlar söylemezler. Siz bu şekilde inanmadığınızı belli eder ve onu yalan söylemekle suçlarsanız çocuk size olan güvenini kaybeder, kendini suçlu görmeye başlar. Olay gerçek ve siz inanmamışsanız, çocuğunuz bir daha size güvenip sırlarını açmayabilir.

İstismarı, hiçbir şey yaşanmamış gibi üstünü örtmek çocuğun sizinle olan bağlarına ciddi zarar verebilir. Bazı aileler 6 yaş altındaki çocuklarının istismara uğradığını anlıyor, çocuk bunu ifade ediyor fakat aile, çocuk istismara uğradığını anlamayıp bunu bir oyun zannettiği için olayı kapatıyor. Amaç genelde çocuğun etkilenmemesini düşünmek veya olay büyümesin, akrabalar komşular duymasın gibi gerekçeler de olabiliyor. Fakat bir gün, yaşadığının istismar olduğunu anladığında ve bunu sizin bile bile üstünü kapattığınızı fark ettiğinde çocuğunuzun neler yaşayıp düşünebileceğini tahmin edebiliyor musunuz?

Çocuğunuz size yaşadıklarını anlattıktan sonraki süreçte, sakin kalıp baskı kurmadan bir psikolojik danışman yardımıyla süreci yönetmelisiniz. Kolundan tutularak, "Hadi şimdi anlat yaşadıklarını polis amcalara," derseniz, çocuğunuz bir daha istismara uğramış gibi travma yaşayabilir. Çocuğu iş birliğine razı etmek, bu süreçte çocuğu asla zorlamamak, olabildiğince sakin ve duyarlı olmak gerekir.

Çocuğu ikna edildikten sonra hemen gerekli yerlere başvurular yapılmalıdır. Ve bu hiç vakit kaybetmeden olmalıdır. Çünkü çocuğun vücudunda, kıyafetinde ve iç organlarında istismara uğradığına dair delilller, siz vakit kaybettikçe kaybolmaya başlayacaktır.

Çocuğun istismara uğradığı andaki eşyalarını mutlaka kendinizle birlikte götürmeniz, çocuğu yıkamamanız önemli ayrıntılardır.

Diğer dikkat edilmesi gereken kural da bu olayı aile, akraba ve komşular arasında gündem yapmamaktır. Çocuğun yanında sürekli bu konunun konuşulması, olayın herkes tarafından duyulması çocuğun size olan güvenini yitirmesine veya yaşadığının çok olağan bir şey olduğunu düşünmesine sebep olabilir.

Çocuğun rızası alındıktan sonra gerekli yasal süreçler başlatılmalıdır. Yasal süreç devam ederken aile olarak kendinizin bu durum karşısında çok hassasiyet kazandığınızı düşünüyorsanız mutlaka siz de psikolojik destek almalısınız.

Çocuğunuzu istismarı yapan kişiyle karşı karşıya getirmemek, aynı ortamda ifade alınmaması, çocuk olayı anlatırken baskıcı ve törpüleyici bir tavır takınmamak çok hassasiyet gösterilmesi gereken durumlardır.

İstismara uğrayan çocuğun psikolojisinin bozulacağı varsayılarak gerekli psikolojik destek verilmelidir. Aile çocuğu istismara uğradığında çoğu zaman kabul etmekte zorlanırlar. Kabul ettikleri anda da büyük bir yıkım yaşayabilirler. Bu hassas dönemde aile içinde gerekli psikolojik önlemler alınmalıdır.

İstismara sessiz ve seyirci kalmak da suçtur.

Bildiğiniz halde suç duyurusu yapmazsanız 6 aydan 2 yıla kadar hapis cezası vardır. Eğer bir devlet memuru iseniz ve suç duyurusunda bulunmadıysanız cezası daha fazladır. Ama tabii bu, yasal zorunluluktan ziyade bir insanlık suçudur. Bu olayı sakladığın ortaya çıktığında mahkemede belki kendince yapacağın bir açıklama vardır; ama vicdanını nasıl ikna edeceksin.

"Aman başıma dert almamayım," diye, maalesef başta eğitimci arkadaşlar olmak üzere, birçok devlet kurumu çalışanı bu olaylara sessiz kalıyor.

Ya istismar mağduru sizin çocuğunuz olsaydı, sessiz kalınsın ister miydiniz?

Anne ve babalar, eğitimciler, çocuk bakımı ile ilgili kurum çalışanları, hukukçular, emniyet mensupları, sosyal hizmet uzmanları, hastanede çalışan tüm sağlık personelinin istismarın önlenebilmesi için eğitilmesi son derece önem taşıyor. Ancak bu konuda bilinmesi gereken en önemli şey, cinsel istismardan çocuğu korumanın en etkin yolu oluşmasını önlemektir.

Tabii en önemlisi çocuğun hiç istismara uğramamış olmasıdır. Buna da çocuğumuza doğru eğitimleri verdiğimiz zaman başarabiliriz.

CİNSEL İSTİSMARDA DOĞRU BİLİNEN YANLIŞLAR

"Aman tanımadığın insanlarla konuşma!"

Evet, çocuklarımıza tanımadığı insanlara karşı tedbirli olmayı öğretelim ama insana en çok sevdikleri, değer verdikleri zarar veriyor. Çünkü tanıdığımız insanlara güvenir, tedbir almayı ihmal ederiz. Ama gerçek olan şu: İstismarı yapan kişi genelde tanıdığımız, bildiğimiz hatta çok güvendiğimiz insanlardır. Tabii bu düşünce ile herkesi bir istismarcı adayı olarak görüp sürekli tedbirli davranmak da hem bizim psikolojimizi olumsuz yönde etkiler, hem de insanlarla olan ilişkimizi bozar. Önemli olan çocuğa doğru duygu eğitimini verip kendini hem tehlike anında hem de tehlikeden sonra uygun şekilde ifade etmesini sağlamaktır. Tehlikeyi hissedip oradan uzaklaşması ve yardım istemesini bilmesidir.

Kötü giyinmiş, dar gelirli, sosyokültürel düzeyi düşük kişileri potansiyel sapık olarak görür, kesinlikle güven hissetmeyiz. Ama çocuk istismarı yapan kişilerin sorunu, giyim kuşam değil; psikoloji, kişilik, düşünce, karakter, dürtü bozukluğudur. Bu durumda sosyokültürel düzeyi yüksek, varlıklı, eğitimli kişiler de çocuğunuza zarar verebilir.

Cinsel istismarı her zaman erkekler yapmaz. Kadınlar da istismarda bulunabilir veya aracı olabilir. Hatta annesi tarafından istismarına uğramış birçok çocuk mevcuttur.

Sadece kız çocukları cinsel istismara uğrar, inancı ile hareket eder, daha çok onları koruma eğiliminde bulunuruz. Ama cinsel istismara uğrayan erkek çocuklarının sayısı da istismara uğramış kız çocuklarının sayısına yakındır.

Ailesi tarafından ihmal edilmiş çocuklar istismara uğrar. Bu düşünce de yanlıştır. Çok ilgili ailelerin çocukları da istismara uğrayabilir. Sadece ihmal edilen çocuklarda risk faktörü fazladır.

Parklar, umumi tuvaletler, ıssız sokaklar, karanlık yerler, boş inşaat sahaları cinsel istismarın çoğunlukla gerçekleştiği yerler olduğuna inanırız. Ama cinsel istismar her ortamda olabilir. Özellikle tanıdık biri tarafından yapıldığında sessiz ıssız yerlerde değil; çocuğun bildiği, güvende hissettiği mekanlarda gerçekleşir. İstismarın gerçekleştiği yer genellikle ev, okul gibi çocuğun güvende olduğunu düşündüğünüz bölgelerdir.

Çocuklarımızı sürekli tembihleyerek istismardan koruyamayız. Çocuğumuza ancak doğru bir cinsel eğitim ve mahremiyet eğitimi verirsek istismardan koruyabiliriz. Baskı altında tutulmadan, düşüncelerine değer verilmiş her birey, kendini her ortamda rahatlıkla ifade edebilir. Çocuk ailesine ne kadar güvenirse kendini o kadar rahat anlatabilir.

Çocuklar cinsel istismarı, hayal dünyaları geniş olduğu için ya da dikkat çekmek için uydurmazlar. Çocukların hayal dünyalarında cinsel içerikli ürünler yoktur. Eğer çocuk istismar edildiğini söylüyorsa mutlaka inanılmalıdır.

"Çocuk sadece dokunularak istismar edildiyse veya birkaç defa tekrarlandıysa önemli değildir, çocuk bunu unutur," düşüncesi hiç doğru değildir. Eğer söz konusu çocuk ise 1 en büyük rakamdır. Çocuk istismar edildiğinde ne olduğunu anlayamadığı için o an belki tepki vermeyebilir. Ama süreç içerisinde yaşadığı şeyin ne olduğunu anladığında bir takım psikolojik sorunlar yaşayabilir.

Çocuğumuzu sürekli gözeterek, tembihleyerek onu koruyamaz öz güvenini zedeleriz. Dinlenilen ve kendini ifade etmesine olanak sağlanan hemen hemen her çocuk kendini her ortam ve durumda ifade edebilir.

Ama tabii ne kadar tedbir alırsak alalım, psikolojisi ve düşünce yapısı yetişkinlerden çok farklı çalışan bir çocuk var karşımızda. Çocuğa doğru ve uygun şekilde duygu, düşünce, mahremiyet, cinsel eğitim vermek, sürekli dinleyip kendini ifade etmesine fırsat tanımak, düşük bir ihtimal de olsa çocuğun kendini korumasına ve ifade etmesine yeterli olmayabilir. Aile çok dikkatli olmalı, en ufak cinsel hareket içeren farklı bir davranışı ve sözlerin kaynağını sakin bir şekilde anlamaya çalışmalıdır.

ÇOCUK ASLA AMA ASLA İHMALE GELMEZ…

Son olarak

Bundan bir yıl önce sosyal medya hesabımda öğretmen arkadaşımın okulda yaşadığı bir istismar olayını paylaştım. Çocuk babası tarafından yıllarca cinsel istismara uğruyor ama halası bunu bildiği halde sessiz kalıyor. "Baban bir erkek ve erkeğin cinsel ihtiyaçları var. Bunun için sürekli dışarıya çıkamaz. Kızı olarak da bu ihtiyacı karşılamak senin görevin," diyor.

Kız çocuğu artık dayanamıyor ve bunu okuldaki öğretmenlerine anlatıyor. İlk anlattığı öğretmen de benim arkadaşım. Rehberlik servisiyle birlikte çocukla görüşülüp sonra da şikâyette bulunup dava sürecini başlatıyorlar.

Öğretmenlerin ne kadar uyanık olması gerektiğine vurgu yapmak için paylaştığım bu olaydan sonra yüzlerce kişi o gece bana yıllarca içinde tuttukları sırlarını açtılar. Ben günlerce uyku uyuyamadım. Duyduklarım ve okuduklarım beni çok etkiledi. Meğerse ne kadar çok insan çocukluğunda istismar edilmiş ve buna sessiz kalmış. Bana yazanların hepsi bu istismara tanıdıkları tarafından uğramış. Baba, abi, amca, dayı, komşu hep yakın çevreleri ve en güvendikleri kişiler tarafından gerçekleşmesi ne kadar üzücü ve vahim bir tablodur.

Ben üç abi ile büyüdüm. Evimiz sobalıydı ve annem hepimizi kışın yere bir yatak açar yan yana yatırırdı. Abilerimin şefkat dolu kolları arasında büyüdüm. Üç tane abimin olmasının hep gururunu yaşadım. Yanlarında kendimi hep çok güvende hissettim. Hele babam! Ben hala bile gider babamın yanına yatar, başımı omzuna koyarak yanında uyurum. En sıkıntılı anlarımda teselliyi en çok bulduğum yer babamın omzudur. Baba veya abi tarafından istismara uğramak... Ne aklım aldı duyduklarımı ne de yüreğim. Bunu yaşamış binlerce insan için üzülmekten daha fazlasını yapmalıydım. Kalemim yettiğince, dilim döndüğünce "Çocuklar artık susmasın," dedim ve size çocukların neden sustuğunu, konuşamadığını anlatmaya çalıştım. Keşke kalemim hiçbirini yazmak zorunda kalmasaydı.

Tabii bu kitabı yazmak, binlerce insanın hayat hikâyesini dinlemek öyle tahmin ettiğiniz gibi kolay bir şey değil. Her hikâye beynimde bir kıvılcım, yüreğime oturmuş bir taş oldu. Bazı hikâyeleri hazmetmem uzun zamanımı aldı. Duyduklarımı, okuduklarımı size direkt yazamadım. Yazmaya, size anlatmaya kalemim yetmedi O yüzden okuduklarınız karşısında sakın, "Bu kadar da değildir," demeyin. Emin olun okuduklarınızdan çok çok çok daha fazlası.

Bana hikayesini anlatarak insanlara ışık tutmamı sağlayan binlerce insana teşekkür ediyorum.

Keşke hiçbiri yaşanmamış olsaydı...

Sevgi ve selamla

Dilek CESUR

Teşekkür

Benimle fikirlerini ve tecrübelerini paylaşarak kitabıma destek olan sevgili;

MAHMUT KAPAKLIKAYA,

EMİNE TURAN,

NİGAR YILDIRIM,

GÜLCAN KIRAY,

ELİF KAPAKLIKAYA'YA,

kitabı yazma sürecinde hayatımdaki önemli sorumlulukları alıp bana çalışma alanı açan ve mesleki deneyimlerini her kitabımda olduğu gibi bu kitapta da paylaşan sevgili;

DİLEK AYDEMİR'E,

aldığım her kararda yanımda duran ve asla desteğini esirgemeyen sevgili babam, annem ve abim

CANİP KIRAY,

ARİFE KIRAY,

HAKAN KIRAY'A,

bu zorlu süreçte bana psikolojik destek veren canım eşim

ABDURRAHMAN CESUR'A

ve kalemi elime alıp beni yazmam için yüreklendiren

ALİŞAN KAPAKLIKAYA'YA

sonsuz teşekkürlerimi sunuyorum…